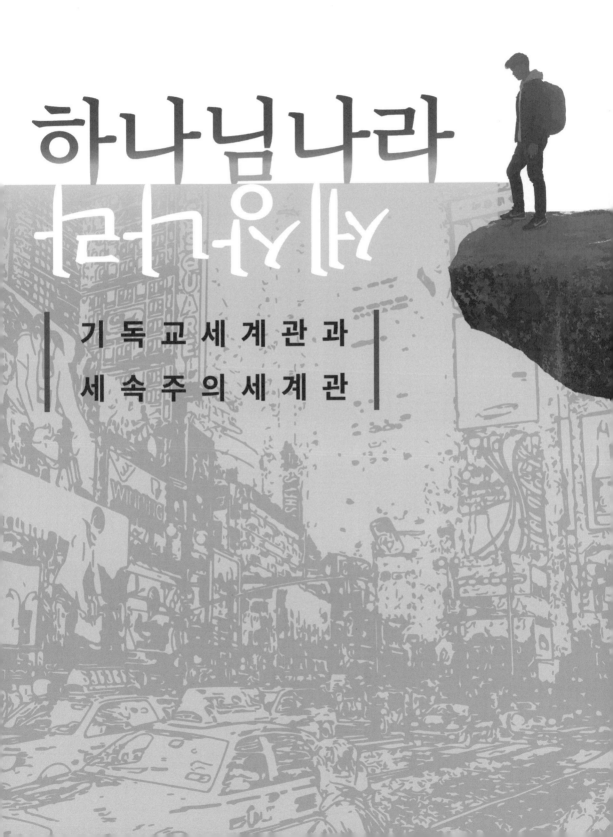

하나님나라

세계관

기독교세계관과
세속주의세계관

추천사

'성경적 세계관'은 우리가 그리스도인으로 세상을 살아가는 기준을 갖게 해주는 중요한 것입니다. 우리는 하늘에 소망을 두고 살아가는 사람들입니다. 세상이 가지고 있는 세계관과 우리가 가진 세계관은 필연적으로 다를 수밖에 없습니다. 『하나님 나라 세상 나라』 이 귀한 책을 통해 성경적 세계관을 바르게 깨닫고 함께 하나님 나라를 위해 달려가는 충성된 일군이 많이 세워지기를 기대합니다.

김성곤 목사(풍성한 교회 담임목사)

예수 그리스도를 구세주와 주님으로 영접하면 자아관, 세계관, 그리고 가치관이 바뀝니다. 그리고 이 변화는 삶의 변화로 연결되어야 합니다. 그러나 믿는다고 하면서 실제 삶의 변화가 없는 그리스도인들에게 이 책은 하나님 나라 백성이 이 세상을 어떻게 해석하고 받아들이며 살아야 할 지 말씀의 프리즘을 통해 잘 조명하고 있습니다.

상담학자요, 교육자요, 목회자인 심수명 목사의 이 책은 그 어느 때 보다도 필요한 시기에 모든 목회자들이 고민하는 내용을 다루고 있습니다. 세상 속에 살면서 하늘에 속한 백성이 어떻게 살아야 하는지 넓고 깊이 있게 그리고 명쾌하게 설명해주고 있습니다. 목회자뿐 아니라 모든 그리스도인이 반드시 읽어볼 것을 강추합니다.

김형준 목사(동안 교회 담임목사)

상담과 목회에 전념하시는 심수명 교수님께서 이번에 그 영역을 넓혀서 『하나님 나라 세상 나라』라는 귀한 책을 써 주셨습니다. 항상 많은 문제를 잘 다루어 주신 심 교수님께서 오늘날의 그리스도인이 세속적 세계관에 물들어 있는 것을 안타까워하면서 그들이 세속적 세계관으로부터 진정한 기독교 세계관으로 돌이키도록 하기 위해 이 책을 써 주신 것이라고 생각합니다. 세속적 세계관으로부터 기독교 세계관으로의 전환이 이루어지고, 철저한 기독교 세계관에 근거해서 우리 주변의 모든 문제를 바라보고 그에 근거한 실천으로 나아가도록 이끌어주셨습니다.

더구나 심 교수님께서 세속적 세계관을 비판적으로 고찰하시면서 이슬람적 세계관, 인본주의 세계관, 마르크스주의 세계관, 포스트모던주의 세계관과 기독교 세계관을 대조하시고 윤리학, 심리학, 사회학, 경제학, 정치학 등에 대해서도 세속주의적 접근과 기독교적 접근의 대립을 분명히 해 주신 것은 매우 큰 기여입니다. 많은 분들에게 일독을 권하는 바입니다.

이승구 교수(합동신학대학원대학교 조직신학 교수)

창세기의 타락 이후, 하나님의 피조물인 인간은 타락한 자아와 왜곡된 환경으로 심신이 아프고 고통스러운 상태에 놓이게 되었습니다. 심수명 목사님은 심리학과 상담학을 도구로 수많은 사람들을 진리이신 그리스도께 돌아오도록 이끌고, 후배 사역자들을 키우신 분이십니다. 인간에 대한 심층적인 이해는 세계관에 대한 깊이 있는 성경적 통찰로 이어지고 있습니다. 인간의 죄성에 기인한 세속주의 세계관과 그리스도인이 추구해야 할 기독교 세계관이 모두 잘 정리되어 있는 이 책을 혼란한 시대의 그리스도인에게 꼭 일독하기를 추천합니다.

이정훈 교수(울산대학교 법학 교수)

하나님 나라 세상 나라

기독교 세계관과 세속주의 세계관

목 차

교회의 사명은 무엇일까? 교회의 사명은 목사와 성도들이 머리 되신 예수님께 순종하며 복음 전파에 힘쓰며 한 마음으로 사랑의 교제를 하고 예수님을 닮아가는 온전한 성도를 만드는 것이다. 이를 위해 목회자가 해야 할 중요한 사명은 성도들에게 하나님의 말씀을 부지런히 가르쳐 이 세상을 복음으로 점령해나가도록 훈련시키는 것이다.

그런데 이 세상에는 우리 성도들을 유혹하는 것들이 너무도 많다. 이 세상의 가치관이 하나님 나라 가치관보다 더 그럴싸해 보여서 많은 성도들이 세상 나라 가치관에 따라 살면서도 이것이 잘못된 것인지 모르고 살아가고 있다. 이것은 굉장히 심각하고 위험한 일이다.

세계관이란 세상을 보는 관점이다. 세계관은 마치 선글라스와 같다. 내가 빨간색 선글라스를 끼고 세상을 보면 모두 빨갛게 보인다. 파란색 선글라스를 끼고 보면 모두 다 파랗게 보인다. 이렇게 세상을 보는 관점에 따라 보는 시각이 다르고 삶의 방식도 달라진다. 하나님을 대적한 사탄은 세계관의 충돌로 영적 전쟁을 일으키고 있다. 세계관의 전쟁은 영적 전쟁인 것이다.

성경은 분명히 말씀하고 있다.

> "너희는 이 세대를 본받지 말고 오직 마음을 새롭게 함으로 변화를 받아
> 하나님의 선하시고 기뻐하시고 온전하신 뜻이 무엇인지 분별하도록 하라
> (롬 12:2)"

그리스도인들은 이 세상 가치관을 따라가면 안 된다. 성도들은 그리스도 안에서 새롭게 창조된 존재이기에 하나님의 선하시고 온전하신 뜻이 무엇인지 알고 그 가치관대로 살아가야 한다. 사탄은 사상이라는 생각의 틀로 사람들을 속이는데 그 영향력은 어마어마하게 강력하므로 우리 성도들은 하나님 나라의 가치, 성경적 세계관에 대해 분명히 알아야 한다. 또한 계속해서 공부하고 적용해야 한다. 하나님 나라 가치관으로 잘 무장되어야만 세상 나라 가치관의 속임수를 꿰뚫어 죽음으로 달려가는 영혼을 구원할 수 있다. 세상 나라의 가치관은 그 길이 파멸과 영원한 죽음의 길이기 때문이다.

이 책은 여러 책들 중에서 특히 데이빗 A. 노에벨이 쓴 『충돌하는 세계관』을 많이 참조하였다. 그리고 세계관을 생각할 때 3가지 궁극적인 질문에 대하여 어떻게 답을 하는지를 중심으로 연구하였다.

3가지 질문은 이것이다.
첫째, 인간은 어떤 존재인가?
둘째, 시회 문제의 원인은 무엇인가?
셋째, 어떻게 해결할 것인가?

나는 한국의 성도들이 하나님 나라의 가치관으로 올바르게 살아가기를 바라는 소망이 가득하다. 그래서 이 책을 통해 세상 나라의 다양한 세계관들을 살펴보면서, 기독교 세계관과 비교해 보고 우리가 믿는 성경적 세계관이 세상 나라의 세계관보다 얼마나 고귀하고 아름답고 위대한지 알게 되기를 바란다. 또한 세상적 가치관이 학문에도 어떻게 스며들어 있는지 구체적으로 살펴봄으로써 성도들이 이 세상의 잘못된 가치관에 속지 않기를 바란다.

우리 성도들이 하나님 나라의 자녀로서 하나님의 관점, 즉 성경적 관점으로 세상을 보고 성경 말씀대로 살면 형통할 수 있다. 그리고 하나님께 영광 돌릴 수 있다. 그리고 이 세상에 하나님 나라를 확장하는데 기여할 수 있다. 이 책이 이런 귀한 일에 쓰임 받기를 간절히 소망한다.

심수명

❶부 성경적 세계관의 핵심

1. 창조: 태초에 하나님이 천지를 창조하시니라

말씀

창세기 1장 1절

태초에 하나님이 천지를 창조하시니라

창조에 대한 진화론의 주장

진화론은 점진적인 발달을 주장한다. 진화론자들은 이 지구상에 어떠한 물체가 있었는데 그 물체가 아주 오랜 세월에 걸쳐 천천히 점진적으로 바뀌어서 오늘의 형태가 되었다고 주장한다. 많은 사람들이 진화론이 과학이라고 생각하지만 그렇지 않다. 진화론은 과학이 아니기 때문에 어쩔 수 없이 다음과 같이 3가지 비약을 한다.

첫째, 진화론은 무에서 유가 만들어진 것을 설명할 수 없어서 어떤 것이 우연히 생겨났다고 비약을 한다.

둘째, 진화론은 생명이 없는 무기체가 생명이 있는 유기체로 변하는 과정을 설명할 수 없어서 여러 원소가 우연히 유기체인 아메바로 만들어졌다는 비약을 한다.

셋째, 유기체에서 인격체로 이행하는 현상을 진화론적으로 규명할 수 없어서 원숭이가 진화하여 인간이 되었다고 비약을 한다.

성경의 주장

성경은 진화론이 해결하지 못하는 문제를 정확하게 말하고 있다.

첫째, 성경은 태초에 하나님이 천지를 창조하셨다고 분명히 말한다. 맨 처음, 아무것도 없는 무의 상태에서 하나님이 유를 창조해 내셨다. 하나님은 살아계시고 전능하신 하나님이시기 때문이다.

> 창 1:1
> 태초에 하나님이 천지를 창조하시니라

둘째, 무기체가 유기체로 진화된 것이 아니라 하나님이 각각의 유기체를 창조하셨다고 분명히 말하고 있다.

> 창 1:21
> 하나님이 큰 바다 짐승들과 물에서 번성하여 움직이는 모든 생물을 그 종류대로, 날개 있는 모든 새를 그 종류대로 창조하시니 하나님이 보시기에 좋았더라

셋째, 하나님이 우주를 창조하시고 인간을 창조하셨는데 하나님을 닮은 인격체로서 인간을 창조하셨다고 말씀하신다.

창 1:27
하나님이 자기 형상 곧 하나님의 형상대로 사람을 창조하시되 남자와 여자를 창조하시고

하나님께서는 모든 만물 즉 해와 달과 별, 공기, 땅, 물, 식물, 동물 등을 모두 만드신 후 인간을 창조하셨다. 인간이 행복하게 살도록 하기 위해 모든 자연환경을 만드신 것이다.

하나님이 우주 만물을 창조하셨다는 것은 어떤 의미일까?

첫째, 하나님이 만물의 주인이시다.

골 1:16
만물이 그에게서 창조되되 하늘과 땅에서 보이는 것들과 보이지 않는 것들과 혹은 왕권들이나 주권들이나 통치자들이나 권세들이나 만물이 다 그로 말미암고 그를 위하여 창조되었고

보이는 물질세계뿐 아니라 보이지 않는 영적인 세계, 인간의 마음, 정신 같은 추상적인 것들, 또한 권세나 권력들도 모두 하나님의 창조물이다. 우리가 가지고 있는 모든 것의 주인이 하나님이시다. 하나님이 생명, 능력, 자녀와 가족 혹은 재산, 건강 등 모든 것의 주인이시며 이 모든 것을 하나님의 뜻대로 사용할 때 삶이 풍성하고 형통해진다.

둘째, 창조된 것(우주 만물)에는 목적이 있다.
모든 것은 만든 목적이 있다. 자동차는 이동을 편리하게 하는 것이 목적이며, 전등은 어둠을 비추는 것이 목적이다. 이처럼 이 세상의 모든 것은 각

각의 목적이 있다.

사 45:18
대저 여호와께서 이같이 말씀하시되 하늘을 창조하신 이 그는 하나님이시
니 그가 땅을 지으시고 그것을 만드셨으며 그것을 견고하게 하시되 혼돈
하게 창조하지 아니하시고 사람이 거주하게 그것을 지으셨으니 나는 여호
와라 나 외에 다른 이가 없느니라

하나님이 우주 만물을 만드시고 지구를 만드신 목적은 사람이 거주하도록
하기 위해서다. 이처럼 세상 모든 만물에는 목적이 있다.

하나님의 형상으로서의 인간

하나님께서는 인간을 위해 모든 만물을 준비하신 후에 마지막으로 인간을
만드셨는데 인간의 몸을 이루는 세포가 60조개 정도 된다고 하며, 세포 하
나 속에 들어있는 DNA는 백과사전 1,000권 정도의 분량이라고 한다. 이
렇게 정교하고 어마어마한 존재인 인간이 어떻게 우연히 이루어질 수 있단
말인가? 인간은 하나님의 지혜와 계획으로 만들어졌으며, 무엇보다 더 위대
한 것은 다른 피조물들과는 달리 하나님의 형상으로 지음 받은 점이다.

창 1:26
하나님이 이르시되 우리의 형상을 따라 우리의 모양대로 우리가 사람을
만들고…

'형상(Image)'이란 '닮은 꼴'이라는 뜻으로 인간은 하나님의 형상을 따라 만

들어진 너무나 고귀한 존재이다. 성경에서는 우리가 하나님의 형상으로 인해 하나님의 은혜로 하나님을 아는 지식에까지 새롭게 되었다고 말씀하고 있으며, 또한 하나님과 인격적인 관계를 만들어가는 의와, 예수의 속죄하시는 은혜로 진리의 거룩함을 입게 되었다고 말씀하고 있다.

> 골 3:10
> 새 사람을 입었으니 이는 자기를 창조하신 이의 형상을 따라 지식에까지 새롭게 하심을 입은 자니라

> 엡 4:24
> 하나님을 따라 의와 진리의 거룩함으로 지으심을 받은 새 사람을 입으라

그리고 인간이 하나님을 닮아 다음과 같은 특징도 부여받았다.

첫째, 하나님의 공동체성을 닮았다. 창세기 1장 26절을 보면 하나님께서 인간을 만드실 때 유일하신 하나님을 복수로 표현하고 있다.

> 창 1:26
> 하나님이 이르시되 우리의 형상을 따라 우리의 모양대로 우리가 사람을 만들고 그들로 바다의 물고기와 하늘의 새와 가축과 온 땅과 땅에 기는 모든 것을 다스리게 하자 하시고

하나님은 분명히 한 분이신데 '우리'라고 말씀하고 있다. 삼위일체 하나님은 사람과 우주를 만드실 때 함께 의논하시고 동역하신 것이다. 삼위일체 하나님이 한 마음, 한 뜻이 되어 인간을 창조하신 것이다. 하나님은 한 분이시

며, 세 인격을 가지고 계시다. 한 분이신 하나님은 세 인격으로 완벽한 하나의 공동체를 이루고 계신 것이다.

하나님은 인간에게도 공동체성, 즉 하나 됨을 부여해 주셔서 인간은 본성적으로 홀로 존재하지 못하며, 함께 살아가도록 지음 받았다. 인간의 공동체성은 하나님의 형상으로 주어진 축복으로 성도들이 모여 교회를 이루며, 교회는 그리스도의 몸으로서 한 공동체로 존재하는 것이다.

둘째, 하나님의 성품을 닮았다. 하나님께서는 인간을 지으실 때, 다른 피조물과는 달리 지식, 감정, 의지를 갖춘 인격적인 존재로 지으셨다. 하나님의 인격성을 닮았기 때문에 모든 피조물 가운데서 인간만이 하나님과 말로 소통하는 교제의 대상이 될 수 있다.

셋째, 하나님의 능력을 닮았다. 하나님께서 아담을 만드신 후에 그에게 주신 최초의 사명이 동물들의 이름을 짓는 것이었다.

> 창 2:19
> 여호와 하나님이 흙으로 각종 들짐승과 공중의 각종 새를 지으시고 아담이 무엇이라고 부르나 보시려고 그것들을 그에게로 이끌어 가시니 아담이 각 생물을 부르는 것이 곧 그 이름이 되었더라

아담은 짐승들을 보고 고유한 특성을 즉시 파악하여 이름을 붙여 주었다. 이름을 지어줄 뿐 아니라 그 모든 이름을 다 기억하여 짐승들을 다스릴 능력도 가지고 있었다. 하나님께서는 신성한 능력과 지혜를 인간에게도 부여하여 이 지구를 다스릴 수 있게 하신 것이다.

세 가지 질문

성경에서는 다음의 3가지 질문에 대하여 어떻게 답을 하고 있을까?

첫째, 인간은 어떤 존재인가?

"하나님께서 인간을 하나님의 형상으로 선하고 아름답게 창조하셨다."

둘째, 사회 문제의 원인은 무엇인가?

"하나님께 불순종한 인간의 타락으로 인해 이 세상에 모든 문제가 생겼다."

셋째, 어떻게 해결할 것인가?

"하나님께서 인간을 버리지 않으시고 예수님의 십자가로 인간의 죄를 용서하시며 구원해 주셨다."

그래서 성경적 세계관의 핵심은 창조, 타락, 그리고 구속과 회복이다. 하나님 나라의 세계관은 이 세상을 하나님이 창조하셨다고 말씀한다. 그러나 세상 나라의 세계관은 이 세상이 우연히 만들어졌다고 주장한다. 그래서 창조론과 진화론의 충돌이 나타나게 되는 것이다.

요약

1. 진화론은 과학적으로 증명할 수 없는 것을 비약하고 있다. 그래서 진화론은 실제로 과학이 아닌 것도 과학인 것처럼 말하고 있다.

2. 성경은 3가지 질문에 대해 다음과 같이 말씀하고 있다.
   첫째, 하나님께서 인간을 하나님의 형상으로 선하고 아름답게 창조하셨다.
   둘째, 하나님께 불순종한 인간의 타락으로 인해 이 세상에 모든 문제가 생겼다.
   셋째, 하나님께서 인간을 버리지 않으시고 예수님의 십자가로 인간의 죄를 용서하시며 구원해 주셨다.

3. 다음의 내용을 마음에 새기고 살아가자.
   첫째, 창조주 하나님은 만물의 주인이시며, 내 삶의 주인이시다.
   둘째, 인간은 하나님의 형상을 닮았다.
   셋째, 인간이 하나님의 형상을 닮았다는 것은 하나님을 따라 의와 지식과 거룩함으로 지음받았다는 것을 의미한다(골 3:10, 엡 4:24).

2. 타락: 네가 어디 있느냐

말씀

창세기 3장 9-10절

9. 여호와 하나님이 아담을 부르시며 그에게 이르시되 네가 어디 있느냐

10. 이르되 내가 동산에서 하나님의 소리를 듣고 내가 벗었으므로 두려워하여 숨었나이다

사탄의 유혹

세상 사람들은 하나님을 믿지 않고 하나님을 대적한다. 이들은 전능하시며 영원하신 하나님을 무시하며 어리석게도 자신을 하나님보다 더 높이고자 하는 죄를 짓는다. 그런데 하나님을 믿는 성도들도 세상 가운데 살아가기 때문에 이런 사상에 물들어 하나님을 온전히 믿지 못하고, 의심과 불신으로 볼 때가 많다.

사람이 왜 하나님을 대적하게 되었을까? 아담과 하와가 뱀의 유혹에 넘어가 하나님이 먹지 말라 하신 선악과를 따먹었기 때문이다. 뱀이 하와를 어떻게 유혹했기에 하와가 선악과를 따먹게 되었을까?

창 3:4-5

4. 뱀이 여자에게 이르되 너희가 결코 죽지 아니하리라

5. 너희가 그것을 먹는 날에는 너희 눈이 밝아져 하나님과 같이 되어 선악을 알 줄 하나님이 아심이니라

사탄은 아담에게 하나님의 선하심과 사랑을 의심하게 만들었다. '선악과를 먹으면 너희의 눈이 밝아져서 하나님처럼 된다.'고 속였다. 이 속임에 넘어가 선악과를 먹은 아담은 결국 스스로 하나님이 되고자 하였다. 인간이 선악을 알게 된다는 것은, 인간 자신이 선악의 기준이 된다는 말이다. 그전에는 하나님이 선악의 절대적 기준이었는데, 이제 피조물인 인간이 스스로 선악의 절대 기준이 되겠다는 것이다. 이것이 바로 타락의 핵심이다.

성경은 하나님 자신이 절대 선이고 하나님이 말씀하시는 것이 절대 선이라고 말씀한다. 그런데 사탄은 '너 자신이 절대 선이고, 네가 하는 말이 절대 선'이라고 아담과 하와를 유혹하였으며, 지금도 우리를 유혹하고 있다. 사탄은 하나님을 대적한 타락한 천사로, 사람을 유혹하여 하나님을 대적하고 절대 선의 주체가 되라고 말한다. 이것이 바로 사탄의 전략이다.

계 12:7-9

7. 하늘에 전쟁이 있으니 미가엘과 그의 사자들이 용과 더불어 싸울새 용과 그의 사자들도 싸우나

8. 이기지 못하여 다시 하늘에서 그들이 있을 곳을 얻지 못한지라

9. 큰 용이 내쫓기니 옛 뱀 곧 마귀라고도 하고 사탄이라고도 하며 온 천하를 꾀는 자라 그가 땅으로 내쫓기니 그의 사자들도 그와 함께 내쫓기니라

하나님의 천사 미가엘에게 내어 쫓긴 사탄은 인간을 유혹하여 자신의 종으로 삼아 영원한 멸망의 길로 이끈다. 그러나 사탄은 결코 성공할 수 없다. 세상과 마귀가 어찌 전능하신 하나님을 이길 수 있겠는가? 하나님이 웃으신다.

> 시 2:4
> 하늘에 계신 이가 웃으심이여 주께서 그들을 비웃으시리로다

그럼에도 불구하고 하나님의 최후 심판이 오기 전까지 사탄은 끊임없이 인간을 속여서 하나님을 대적하게 한다.

인간의 원죄와 그 결과

인간의 죄는 아담과 하와만의 죄와 타락으로 끝나지 않고, 이후에 태어나는 모든 인류에게 그 죄성이 전가되어 모든 인류가 죄인이 되었다. 이것이 비로 원죄다. 인간의 타락은 부분적인 타락이 아니라 전적 타락, 전적으로 부패한 상태라고 성경은 말씀한다.

> 롬 3:9
> 그러면 어떠하냐 우리는 나으냐 결코 아니라 유대인이나 헬라인이나 다
> 죄 아래에 있다고 우리가 이미 선언하였느니라

'모든 사람이 죄 아래 있다'는 것이야말로 인간의 본질적 속성을 설명하는 말씀이다. 한 사람도 예외 없이 모든 사람이 죄 아래 있다. 이 말은 죄가 위에서 사람을 누르고 지배하여 파괴시키는 강력한 힘을 가지고 있다는 뜻

이다.

죄 아래 있는 인간은 어떤 모습으로 살아갈까?

> 롬 3:11, 18
> 11. …하나님을 찾는 자도 없고
> 18. …하나님을 두려워함이 없느니라…

죄의 본질은 피조물인 인간이 창조주 하나님을 찾지 않고, 경배하지 않고 창조주 하나님을 두려워하지 않고 우습게 여기는 것이다. 도덕적으로나 윤리적으로 문제가 있다거나 나쁜 짓을 한 것이 죄의 본질이 아니라 하나님을 대적하여 불순종하는 것이 죄의 핵심이다. 그래서 죄인인 인간은 스스로 교만하여 전능하신 하나님을 대적하여 자기가 하나님이 되어 스스로 자신을 높이며 자기 마음대로 살아가려 하는 것이다.

사탄의 유혹에 넘어가서 죄인이 된 인간은 이제 사탄의 자녀가 되어 사탄을 닮아간다. 예수님께서는 바리새인에게 너희의 아버지는 사탄이라고 말씀하고 있다.

> 요 8:44
> 너희는 너희 아비 마귀에게서 났으니 너희 아비의 욕심대로 너희도 행하고자 하느니라…

죄 아래 있다는 것은 그 아버지가 사탄이라는 것이다. 예수 믿지 않는 모든 사람들의 아버지가 사탄이다. 자녀는 아버지를 닮는다. 하나님을 떠난 인생의 삶은 파멸과 고생이 가득하고 평안이 없다. 이 땅에서만 고생하고 끝나는 것이 아니다. 그 후에는 영원한 심판이 기다리고 있다.

히 9:27
한번 죽는 것은 사람에게 정해진 것이요 그 후에는 심판이 있으리니

타락한 모든 인간은 전적으로 타락하여 '죄 아래' 있으며, '심판 아래' 있다. 성경이 진단하는 인간의 문제란 피조물인 인간이 창조주 하나님의 말씀에 불순종하여, 자신이 절대 선의 자리에서 모든 것을 판단하는 하나님이 되고 자 한 것이다. 이것이 모든 문제의 근원이다.

그래서 자신이 기준이 되어 세상을 자기 마음대로 휘두르며 살고자 하는 것 이다. 이로 인하여 이 세상에 미움, 분노, 폭력, 살인 등 범죄가 일어나고 환경 공해와 자연 파괴 등 우리가 살아가는 지구촌이 파괴되는 현상이 나타 나는 것이다. 세상의 모든 악한 모습은 인간의 타락으로 인한 결과다.

하나님이 은혜로 붙들어주셔서 우리가 삶을 영위할 수 있는 것이지, 만약 하나님께서 우리의 죄를 심판하시려고 하면 우리에게는 영원한 재앙이 임하 는 저주 속에 살 수 밖에 없다. 하나님께서 비만 조금 많이 내리게 하셔도, 별들의 궤도를 아주 조금만 벗어나게 하셔서 지구에 떨어져도, 태양이 지 구에서 조금만 가깝거나 조금만 멀어져도 인류는 한순간에 멸망할 수밖에 없다.

찾아오시는 하나님

하나님은 타락한 죄인을 버리지 않으시고, 포기하지 않으신다. 하나님은 타

락한 아담과 하와를 버리지 않으시고 그들을 먼저 찾아가셨다. 하지만 범죄한 아담과 하와는 하나님을 두려워하여 숨었다. 그런 그들에게 하나님이 다가오셔서 말씀하신다.

창 3:9
여호와 하나님이 아담을 부르시며 그에게 이르시되 네가 어디 있느냐

하나님이 아담을 부르시는 그 목소리는 따뜻한 사랑의 목소리였다. 타락한 인간에게 유일한 소망은 '네가 어디 있느냐?' 물으시며 다가오시는 하나님밖에 없다. '네가 어디 있느냐?' 물으시는 것은 하나님 중심의 삶으로 다시 돌아오라고 설득하시는 하나님의 사랑의 목소리인 것이다.

하나님의 목소리를 들은 아담은 하나님께 대답한다.

창 3:10
이르되 내가 동산에서 하나님의 소리를 듣고 내가 벗었으므로 두려워하여 숨었나이다

아담은 하나님이 부르시는 음성을 듣고 자신의 연약함을 고백한다. 우리도 죄를 지었을 때 하나님께 고백하는 진실함이 필요하다. 나의 마음과 상태를 있는 그대로 고백하며 하나님께 은혜와 용서하심을 구해야 한다. 하나님이 싫어하시는 죄를 지어서 하나님이 나를 처벌할 것 같고 심판할 것 같아 무서울 때도 하나님 앞에 진실하게 고백하면 주님의 용서가 나를 감싼다.

"하나님, 하나님이 나를 심판하실까봐, 나를 외면하시며 버리실까봐 두렵습니다. 나를 용서해 주세요."

이렇게 진실하게 고백할 때 주님의 사랑과 용서가 내 영혼과 내 마음을 만지며, 회복케 하시는 은혜를 입게 된다. 그뿐 아니라 세상을 살아갈 자신감과 능력을 갖게 되고 하나님이 주시는 축복을 누리게 되는 것이다.

요약

1. 아담과 하와는 사탄의 유혹에 넘어가 하나님이 먹지 말라 한 선악과를 먹었는데 이것은 스스로 하나님이 되어 인간 스스로가 선악의 절대 기준이 되겠다는 것이다. 이것이 바로 타락의 핵심이다.

2. 아담의 범죄는 모든 인류에게 전가되어 모든 인류가 죄인이 되었다. 그래서 모든 사람은 전적으로 부패하였다. 죄인인 인간은 하나님을 찾지도 않고 하나님을 대적하려 한다. 그 결과 인간에게는 영원한 심판이 기다리고 있다.

3. 하나님께서는 타락한 인간을 버리지 않으시고 찾아오셨다. 하나님께서 죄지은 우리에게 찾아오실 때 우리는 죄를 고백하며 하나님의 은혜와 용서하심을 입음으로 축복을 누리는 삶을 살 수 있다.

4. 히브리서 9장 27절을 외워보자.
"한번 죽는 것은 사람에게 정해진 것이요 그 후에는 심판이 있으리니"

3. 구속과 회복: 보라 새 것이 되었도다

고린도후서 5장 14-19절

14. 그리스도의 사랑이 우리를 강권하시는도다 우리가 생각하건 대 한 사람이 모든 사람을 대신하여 죽었은즉 모든 사람이 죽은 것이라

15. 그가 모든 사람을 대신하여 죽으심은 살아 있는 자들로 하 여금 다시는 그들 자신을 위하여 살지 않고 오직 그들을 대 신하여 죽었다가 다시 살아나신 이를 위하여 살게 하려 함 이라

16. 그러므로 우리가 이제부터는 어떤 사람도 육신을 따라 알지 아니하노라 비록 우리가 그리스도도 육신을 따라 알았으나 이제부터는 그같이 알지 아니하노라

17. 그런즉 누구든지 그리스도 안에 있으면 새로운 피조물이라 이전 것은 지나갔으니 보라 새 것이 되었도다

18. 모든 것이 하나님께로서 났으며 그가 그리스도로 말미암아 우리를 자기와 화목하게 하시고 또 우리에게 화목하게 하는 직분을 주셨으니

19. 곧 하나님께서 그리스도 안에 계시사 세상을 자기와 화목하 게 하시며 그들의 죄를 그들에게 돌리지 아니하시고 화목하 게 하는 말씀을 우리에게 부탁하셨느니라

구속의 은혜

구속(salvation)이란 말은 원래 상업적인 용어로, 값을 지불하고 노예를 사는 것을 말한다. 예수님께서는 죄의 노예인 인간을 그 보혈로 값을 지불하시고 구속하셔서 죄에서 해방시켜주셨다.

> 엡 1:7(개역 한글)
> 우리가 그리스도 안에서 그의 은혜의 풍성함을 따라 그의 피로 말미암아
> 구속 곧 죄 사함을 받았으니

노예 시장에서 몸값을 주고 노예를 사면 그는 새 주인의 소유가 된다. 마찬가지로 예수님께서 피 값을 주고 우리를 사셨기에 우리는 이제 하나님의 소유가 되었다. 이것을 성경에서는 새로운 피조물이 되었다고 말씀한다.

> 고후 5:17
> 그런즉 누구든지 그리스도 안에 있으면 새로운 피조물이라 이전 것은 지나갔으니 보라 새 것이 되었도다

새로운 피조물이 되기 위해서는 어떤 노력이 필요하지 않다. 새 피조물이 되는 것은 영적 출생이며, 거듭남이고 하나님의 선물이기 때문에 내 힘으로, 내 노력으로, 내 거룩함으로 새로운 피조물이 되는 것이 아니다. 그 어떤 것으로도 인생을 새롭게 바꿀 수 있는 방법은 없다. 그래서 이것을 은혜라고 부른다.

구원은 전적으로 하나님의 은혜다.

엡 2:8-9

8. 너희는 그 은혜에 의하여 믿음으로 말미암아 구원을 받았으니 이것은 너희에게서 난 것이 아니요 하나님의 선물이라
9. 행위에서 난 것이 아니니 이는 누구든지 자랑하지 못하게 함이라

믿음도 은혜로 믿게 하신 것이다. 그러므로 구원받은 사람은 자기의 선함이나 자기의 노력으로 구원받은 것이 아님을 늘 기억해야 한다. 아무 노력 없이 은혜로 구원받았기에 늘 겸손한 자세로 살아가야 하며 다른 사람을 정죄하거나 미워하지 않도록 해야 한다. 구원이 나의 노력이 아닌 하나님의 은혜로 된 것이라는 인식이 있는 사람은 다른 죄지은 영혼을 향해 불쌍한 마음이 들고, 그를 위해 기도하게 되는 것이다.

"저 사람도 하나님의 은혜가 임하면 믿을 수 있고 변화될 수 있을 텐데, 아직 몰라서 그러지…."
"아직 하나님의 은혜가 임하지 않아서 하나님을 대적하고 있는 거지 나도 저렇게 살아야 하는 사람이었는데, 하나님의 은혜로 생명의 삶을 살고 있으니 얼마나 감사한가!"

은혜를 입은 자는 연약한 다른 사람들에게도 하나님의 은혜가 임하기를 기도한다. 우리는 이 땅에서 육신의 몸을 입고 있는 한 늘 죄를 짓고 실수하며 살 수밖에 없기에 천국 가는 그 날까지 하나님의 은혜를 입어야 한다. 우리를 살리는 것은 예수 그리스도의 십자가밖에 없다. 우리는 예수님 때문에 의인이다.
그러나 이 땅에서 살아가는 인생은 죄의 속성인 육을 다 벗지 못했기에 죄인 겸 의인이다. 성령님께서 그리스도 안에서 우리를 새 사람, 새로운 피조물이 되게 하시면, 우리는 죄의 몸에서 의의 사람으로, 거룩한 사람으로 새

사람이 되는 것이다. 하나님께서는 예수 그리스도로 인해 새로운 피조물이 된 우리를 바라보실 때 죄를 한 번도 지은 적이 없는 거룩한 사람인 것처럼 봐주신다.

죄인은 끝없는 죄 속에 살아간다. 우리는 비겁하고 정직하지 못하며 위선이 가득하고 남을 속이며 야비하고 욕심이 많다. 또한 악하고 추하며 잔인하다. 그런데 예수 그리스도의 보혈로 우리의 모든 죄가 다 용서받아 새로운 존재가 되었다. 그래서 '주홍 같이 붉은 죄가 흰 눈 같이 양털 같이' 되는 것이다.

> 사 1:18
> 여호와께서 말씀하시되 … 너희의 죄가 주홍 같을지라도 눈과 같이 희어질 것이요 진홍 같이 붉을지라도 양털 같이 희게 되리라

새로운 피조물의 삶(회복)

그럼 새로운 피조물은 어떤 특징을 가지게 될까?

첫째, 새로운 피조물은 삶의 동력이 달라진다. 새로운 피조물은 예수를 위해 살고 싶은 거룩한 열정이 날마다 일어나며 그리스도의 사랑으로 살아가고 싶어 한다.

> 고후 5:14
> 그리스도의 사랑이 우리를 강권하시는도다 …

하나님의 사랑을 알고 그 사랑 안에 들어간 새 사람은 그리스도의 사랑의 힘으로 살아간다. 예수를 만나지 못한 사람은 사랑이 아니라 세상이 주는 힘 즉, 성공, 돈, 욕심, 시기, 질투, 경쟁심 그리고 증오와 복수심으로 살아간다. 그러나 새로운 피조물의 에너지원은 그리스도의 사랑이다. 이 사랑이 바로 새로운 피조물의 생명력이다.

둘째, 새로운 피조물은 삶의 목적이 새로워진다. 예수님과 함께 십자가에 죽었고 예수님과 함께 부활한 새 사람은 나를 위해 살지 않고 나를 위해 죽으신 예수를 위해 살고 싶은 거룩한 열정이 일어난다. 새 피조물은 내 인생의 주인이 내가 아니라 그리스도가 내 인생의 주인이 된다.

> 고후 5:15
> 그가 모든 사람을 대신하여 죽으심은 살아 있는 자들로 하여금 다시는 그들 자신을 위하여 살지 않고 오직 그들을 대신하여 죽었다가 다시 살아나신 이를 위하여 살게 하려 함이라

종교개혁자 마틴 루터에게 한 성도가 와서 질문했다.
"목사님, 어떻게 그토록 많은 사탄의 시험을 이길 수 있습니까?"
루터는 이렇게 말했다.
"저에게도 사탄이 자주 와서 내 마음의 문을 열어달라고 합니다. 그럴 때마다 나의 주인이신 예수님이 나가셔서 문을 열어주십니다. 마귀가 '이 집에 루터가 살고 있죠?' 하고 물으면 예수님께서 '잘못 찾아 왔소. 이 집의 주인은 나, 예수요.' 하고 대답하십니다. 그러면 사탄이 도망갑니다."
내가 주인 노릇하면 사탄이 나를 우습게 여기며 나를 흔들려 하지만 예수님이 나의 주인이 되면 사탄은 도망을 갈 수밖에 없다. 거듭나지 않은 사람은 자신을 위해 산다. 자신을 위해 사는 사람은 삶의 결과도 없고, 감동도 없

다. 그러나 새로운 피조물은 삶의 우선순위가 바뀌어 예수님을 주인으로 모시고 예수님을 위해 산다. 그래서 거듭난 그리스도인은 먼저 하나님의 나라와 의를 구하려 한다.

셋째, 새로운 피조물은 화목하게 하는 직분을 사명으로 받는다.

> 고후 5:18
> 모든 것이 하나님께로서 났으며 그가 그리스도로 말미암아 우리를 자기와 화목하게 하시고 또 우리에게 화목하게 하는 직분을 주셨으니

원래 인간과 하나님 사이에는 죄로 인하여 간격이 생겼고 장벽이 있었다. 그래서 죄인인 인간은 하나님께 직접 나아가지 못하고 희생의 제물을 통해서만 나아갈 수 있었다. 그런데 예수님이 우리를 대신하여 희생제물이 되심으로 하나님께 나아갈 수 없는 죄의 벽을 허무시고 하나님과 우리를 화해시키셨다.

우리를 위해 희생하신 예수님은 우리에게 '화목하게 하는 직분'을 주셨다. 주님은 이 땅의 모든 사람들이 그리스도와 화목하게 하도록 우리에게 예수 그리스도의 종과 제자라는 직분을 주셨다. 이것이 이 땅의 모든 그리스도인들에게 주어진 영광스러운 사명이고 직분이다.

새로운 피조물로 살기 위해

구원을 받아 새로운 피조물이 되었지만 새로운 피조물의 능력이 금방 나타나지는 않는다. 그것은 우리가 거듭난 후에도 여전히 하나님의 지배를 받지

않고, 다른 것이 지배하도록 허락하고 있기 때문이다. 하지만 이제는 죄의 노예가 아니기 때문에 죄를 거절할 수 있다. 그런데 우리는 여전히 죄를 사모하고 우리의 육이 죄를 짓도록 허락하고 있다.

새 피조물이 된 후에도 죄의 본성을 다스리지 않으면 새로운 피조물의 특징이 나타나지 않는다. 사랑하고 용서해야 함에도 불구하고 여전히 미워하고, 하나님의 말씀대로 살아야 하는 것을 알면서도 돌아서려고 하지 않으면 능력이 나타나지 않는다. 새로운 피조물인데도 여전히 자신이 주인이 되려 한다. 건강, 재물, 명예, 관계도 하나님의 뜻대로 사용해야 하는데 내 마음대로 사용하려 한다. 이것은 죄의 본성을 다스리지 않는 모습이기 때문에 능력 있는 삶을 살 수 없다.

새로운 피조물은 과거에 상처받은 영향력으로부터 벗어나야 한다. 새로운 피조물인 우리는 상처받은 과거의 잔재를 가지고 살 때가 많다. 믿음대로 살 수 있는데도 실제 삶에서는 믿음의 방식을 잘 적용하며 살아가지 못한다. 이것은 과거로부터 벗어나지 않았기 때문이다. 과거의 상처에서 놓임받도록 하나님께 기도하며, 영적 지도자나 멘토, 그리고 상담자에게 고백하고 위로를 받으며 과거의 영향에서 벗어나도록 해야 한다.

말씀을 묵상하고 기도하면서 성령의 은혜가 나를 적시도록 힘써 훈련하며, 상담을 통해 내면의 상처를 계속 치료해야 한다. 상처를 드러내어 말로 표현하고, 따뜻한 위로를 받을 때 상처가 치료되고 하나님의 사랑이 더 가까이 느껴지게 된다.

"생각이 감정을 만들고, 감정이 행동을 만들고, 행동이 습관을 만들고, 습관이 태도를 만들어 마침내 운명을 만든다."는 말이 있다. 예수 믿는 사람은 새로운 피조물이므로 의식과 무의식에서 작동되는 잘못된 생각(세계관)부터 바꾸어야 한다. 나도 모르게 주입되어있는 세상의 잘못된 생각이나 가치관이 너무나 많다. 우리의 의식과 무의식에 세상 나라의 잘못된 세계관이 이미 가득 들어와 있다.

하나님을 대적하는 나쁜 세계관들이 하나님의 거룩하고 영광스러운 생각과 충돌을 일으킨다. 그래서 하나님의 말씀이 믿어지지 않고 혼란과 갈등이 생기는 것이다. 이런 잘못된 세계관이 새로운 피조물로서 살아가지 못하게 우리의 발목을 잡고 있으므로 잘못된 생각부터 고쳐나가야 한다.

생각을 바꾸기 위해서 먼저 언어 습관부터 바꿔야 한다. 뇌 속의 언어중추가 모든 신경계에 강한 영향을 미친다고 한다. 뇌 수술 할 때 뇌의 언어중추신경에 손을 대면 모든 몸의 신경이 반응한다고 한다. 언어중추신경과 육체가 연결되어 있는 것이다.

변화의 삶은 밀에서부터 시작되어야 한다. 말을 변화시키면 행동이 따라온다. 믿음의 말을 선포하면 믿음의 행동을 하게 된다. 믿는 바를 말로 선포하고 그렇게 살 때 하나님께서는 믿은 대로 해주신다.

예를 들어 다음의 말을 선포하며 살 때 그 행동을 하게 되며, 그 말을 믿는 그에게 하나님께서 좋은 결과를 보여 주실 것이다.

"나는 하나님의 용서를 베풂으로 자유를 누릴 것이다!"

"나는 하나님께 순종함으로 축복을 누릴 것이다!"

"하나님은 나에게 복 주실 것이다!"

"나는 날마다 주의 사랑과 은혜를 묵상하며 믿음으로 살 것이다!"

"나는 주 안에서 모든 어려움을 이겨낼 것이다!"

"나는 하나님의 능력으로 어떤 고난이 와도 좌절하지 않을 것이다!"

"우리 가족과 자녀들은 주 안에서 잘 될 것이다!"

"한국 교회는 이 시대를 밝히는 등대가 될 것이다!"

하나님은 우리에게 어떠한 상황에서도 믿음으로 선택할 수 있는 힘을 주셨다. 믿을만해서 믿는 것이 아니다. 믿음은 우리가 예수님을 구주로 고백할 때 이미 내 안에 들어왔다. 이제 거듭난 이후에는 내가 믿음의 삶을 선택하는 것이다. 내가 믿음을 선택하고, 믿음의 말을 하면 하나님의 능력이 임하고 하나님께서 응답하셔서 내 삶을 변화시켜 주시고 환경을 바꿔주신다. 열심히 훈련하여 언어를 변화시키고, 생각과 감정과 의지가 하나님이 기뻐하시는 뜻과 일치되는 수준이 될 때 하나님의 사랑의 능력이 나의 것이 될 수 있다.

요약

1. 예수님께서는 죄의 노예인 우리를 그의 보혈로 값을 지불하시고 구속해 주셨다. 그래서 우리를 죄로부터 해방시켜주셨으며 그리스도 안에서 새로운 피조물이 되게 해주셨다.

2. 새로운 피조물은 다음과 같이 삶이 달라진다.
   첫째, 삶의 동력이 달라진다. 예수를 위해 살고 싶은 거룩한 열정이 날마다 일어나며 그리스도의 사랑으로 살아가고 싶어 한다.
   둘째, 삶의 목적이 새로워진다. 새로운 피조물은 예수를 위해 살아가고자 한다.
   셋째, 화목케 하는 직분을 사명으로 받아 다른 사람들이 그리스도와 화해하는 사명의 삶을 살아간다.

3. 새로운 피조물의 능력이 삶에 나타나도록 하기 위해서는 죄를 허락하지 않아야 한다. 과거의 태도를 바꾸고 과거 상처의 영향력에서 벗어나도록 해야 한다. 이를 위해 제일 먼저 해야 할 일은 언어 습관부터 바꾸어야 한다. 용서와 순종과 축복의 삶을 선포하며, 모든 고난과 어려움을 믿음으로 극복하기로 선포하며, 가족과 이웃과 한국과 세계를 위해 믿음의 선포를 하며 살 때 놀라운 축복을 얻을 것이다.

4. 고린도후서 5장 17절을 외워보자.
   "그런즉 누구든지 그리스도 안에 있으면 새로운 피조물이라 이전 것은 지나갔으니 보라 새 것이 되었도다"

4. 사명: 새 피조물의 사명

창세기 1장 26-28절

26. 하나님이 이르시되 우리의 형상을 따라 우리의 모양대로 우리가 사람을 만들고 그들로 바다의 물고기와 하늘의 새와 가축과 온 땅과 땅에 기는 모든 것을 다스리게 하자 하시고

27. 하나님이 자기 형상 곧 하나님의 형상대로 사람을 창조하시되 남자와 여자를 창조하시고

28. 하나님이 그들에게 복을 주시며 하나님이 그들에게 이르시되 생육하고 번성하여 땅에 충만하라, 땅을 정복하라, 바다의 물고기와 하늘의 새와 땅에 움직이는 모든 생물을 다스리라 하시니라

기독교 세계관의 핵심

세상 나라의 모든 세계관들은 쾌락을 추구하라고 유혹한다. 이것은 마치 이스라엘 백성들이 가나안 땅에 들어갔을 때 그 땅의 우상이었던 바알과 아세라를 섬김으로 성적으로 타락했던 것과 동일하다. 세상 나라는 인간에게 탐욕과 쾌락에 대한 욕구를 부추긴다. 이것은 사탄의 전략이다. 우리는 이러한 사탄의 전략을 알고, 삶을 기독교 세계관 위에 바르게 세워야 한다.

기독교 세계관의 핵심은 창조, 타락, 그리고 구속과 회복이다. 하나님께서

온 우주만물을 창조하셨다. 그런데 인간이 죄를 짓고 타락하여 모든 자연만물까지 타락하게 되었다. 이 땅에 문제가 많은 것은 모두 인간의 죄로부터 기인한 것이다. 타락한 인간은 스스로 유토피아를 만들 수 없고, 인간의 문제를 해결할 수 없다. 그러나 하나님이 예수님의 십자가를 통해 인간의 죄를 용서하시고 모든 것을 회복시켜 주신다는 것이 기독교 세계관의 핵심이다.

창조 목적

인간을 만드신 목적은 무엇일까?

> 엡 2:10
> 우리는 그가 만드신 바라 그리스도 예수 안에서 선한 일을 위하여 지으심을 받은 자니 …

우리는 하나님의 선한 일을 위해 지으심을 받은 존재다. 이 목적이 인간의 가치를 더욱 존귀하게 하는 것이다. 하나님께서는 우리 안에 선한 생각을 불어 넣어주시고 선한 일을 하도록 이끄신다.

> 빌 2:13
> 너희 안에서 행하시는 이는 하나님이시니 자기의 기쁘신 뜻을 위하여 너희에게 소원을 두고 행하게 하시나니

우리는 예수를 믿어 거듭난 순간부터 하나님께서 가장 기뻐하시는 것을 행하고자 하는 마음이 생기는데 이것은 성령님께서 내주하시기 때문이다. 그렇다면 하나님이 가장 기뻐하시는 것은 무엇일까? 그것은 우리가 하나님을

영원토록 기뻐하며 그분 알기를 힘쓰고 그분과 교제하며 사는 것이며, 다른 영혼을 사랑하여 구원에 이르도록 힘쓰는 것이다.

특히 우리가 거듭나면 우리는 다른 불신 영혼이 구원받기를 바라는 마음이 불일 듯 일어나며, 우리 가족, 우리 친구, 우리 이웃, 그리고 전 세계의 불신자에 대한 사랑의 마음이 나도 모르게 일어난다. 이것이 하나님께서 우리 모두에게 주시는 삶의 목적이다.

그런데 우리는 세상의 것에 우리의 마음을 뺏길 때가 많다. 그러므로 우리는 알게 모르게 속고 있는 세상 나라의 세계관의 실체를 정확히 알고 예수님의 보혈로 다 씻어 내버려야 한다. 그리고 성경적 세계관으로 무장하여 그 목적에 따라 살아가도록 해야 한다.

> 사 43:1
> 야곱아 너를 창조하신 여호와께서 … 너는 내 것이라

우리를 창조하신 하나님께서는 "너는 내 것이라"고 분명히 말씀하신다. 이 말씀 속에는 하나님께서 책임져주시겠다는 의미가 포함되어 있다. 가전제품을 쓰다가 고장 나면 A/S를 받는다. 그런데 A 사의 냉장고를 사용하다가 고장이 났는데 B 사에 가서 고쳐달라고 하지 않고, 만든 회사에 가서 서비스를 받는다. 마찬가지로 우리를 창조하신 하나님께서 "너는 내 것이라"고 말씀하며 우리 인생을 책임지시겠다고 말씀하시므로 우리는 힘들고 어려울 때마다 하나님께로 나아가 고침받아야 한다.

창조 명령

인간을 향한 하나님의 명령은 무엇일까? 이것은 크게 종교 명령과 문화 명령으로 나눌 수 있다. 종교 명령은 하나님의 말씀에 순종하면 살고, 불순종하면 죽을 것이므로 하나님을 제일로 높이며 그 말씀에 인격적으로 순종하며 살라는 것이다.

> 창 2:17
> 선악을 알게 하는 나무의 열매는 먹지 말라 네가 먹는 날에는 반드시 죽으리라 하시니라

문화 명령은 창세기 1장 28절에 세 가지로 나타나 있다.

> 창 1:28
> 하나님이 그들에게 복을 주시며 하나님이 그들에게 이르시되 생육하고 번성하여 땅에 충만하라, 땅을 정복하라, 바다의 물고기와 하늘의 새와 땅에 움직이는 모든 생물을 다스리라 하시니라

첫째, 땅에 충만하라는 것이다. 하나님을 닮은 하나님의 자녀들이 행복한 가정과 교회를 이루고 자자손손 복되게 살고 땅에 충만한 것이 하나님의 꿈이요, 비전이다.

둘째, 땅을 정복하라는 것이다. 이 말은 그 땅에 있는 자원을 활용하여 필요를 채우며 하나님을 찬양하는 거룩한 문화를 만들라는 말이다. 구체적으로는 각자의 직업을 통해 경제생활을 영위하며, 교육과 학문, 사회생활, 예술 등을 통해 이 땅에 하나님을 나타내라는 것이다. 이것이 문화적 소명이

며, 문화적 명령이다. 그래서 우리 그리스도인은 이 땅에서 기독교문화를 만들어 가야 한다. 각 분야에서 최선을 다해 살며, 자기 분야를 개척하고 개발해서 하나님의 뜻이 나타나도록 해야 한다.

셋째, 모든 생물을 다스리라는 것이다. 여기서 '다스리다'는 말은 '지배하다, 통치하다'는 뜻이다. '모든 생물을 다스리라'고 한 말씀은 인간이 다른 피조물들을 주관할 수 있는 권위와 능력을 하나님께로부터 부여받았음을 의미한다. 하나님이 세상을 다스릴 통치능력을 인간에게 위임하셨다. 하나님의 위임을 받았기에 내 마음대로 다스리고 착취하고 통제하는 것이 아니라 하나님의 선하신 뜻대로 다스려야 한다.

하나님이 원하시는 관계

하나님의 선하신 뜻대로 사는 사람은 부부생활, 자녀교육, 직장, 사업, 경제, 인간관계 등 모든 일에 있어서 하나님의 청지기로서 주님의 뜻대로 사랑으로 다스리며 살아야 한다.

> 골 3:18-23
> 18. 아내들아 남편에게 복종하라 이는 주 안에서 마땅하니라
> 19. 남편들아 아내를 사랑하며 괴롭게 하지 말라
> 20. 자녀들아 모든 일에 부모에게 순종하라 이는 주 안에서 기쁘게 하는 것이니라
> 21. 아비들아 너희 자녀를 노엽게 하지 말지니 낙심할까 함이라
> 22. 종들아 모든 일에 육신의 상전들에게 순종하되 사람을 기쁘게 하는 자와 같이 눈가림만 하지 말고 오직 주를 두려워하여 성실한 마음으로

하라

23. 무슨 일을 하든지 마음을 다하여 주께 하듯 하고 사람에게 하듯 하지
   말라

하나님이 원하시는 모든 관계의 원리는 한 가지다. "무슨 일을 하든지 주께 하듯 하라"는 것이다. 사람을 대할 때, 그가 아내든 남편이든 자녀든 부모든 상사든 부하직원이든 고객이든 모두 주님을 대하듯이 하라는 것이다. 다른 사람에게 제공하는 것이 무엇이든(물건, 음식, 서비스 등) 주님을 대하듯이 한다면 최고의 결과가 나타날 것이다. 이렇게 할 때 하나님께서 우리에게 상을 주신다.

골 3:24
이는 기업의 상을 주께 받을 줄 아나니 너희는 주 그리스도를 섬기느니라

그렇다면 성도들 간에는 어떻게 대해야 할까?

요 13:34-35
34. 새 계명을 너희에게 주노니 서로 사랑하라 내가 너희를 사랑한 것 같
   이 너희도 서로 사랑하라
35. 너희가 서로 사랑하면 이로써 모든 사람이 너희가 내 제자인 줄 알리
   라

성도가 서로 사랑하며 살 때, 세상 사람들이 보고, '아, 저들은 예수님의 제자구나.'라고 감동받는다. 그래서 그 공동체에 속하고 싶은 마음을 갖게 되고 그때 영혼구원의 문이 열리는 것이다. 이것이 주님께서 새 피조물된 우리에게 주신 사명이다.

모든 사람에게 주께 하듯 하고, 성도를 사랑하며 섬길 때 교회는 이 땅에서 사랑의 권위를 갖게 될 것이고, 사람들이 오고 싶은 곳으로 변화될 것이다. 그때 교회는 곤고하고 지친 영혼들을 위로하고 주께로 인도하는 사명을 감당하게 될 것이다. 우리는 서로 사랑하고, 모든 일을 주께 하듯 함으로 새 피조물의 사명을 감당하며 살아가야 할 것이다.

요약

1. 기독교 세계관의 핵심은 창조, 타락, 그리고 구속과 회복이다. 하나님께 서 온 우주만물을 창조하셨다. 그런데 인간이 죄를 짓고 타락하여 모든 자연만물까지 타락하게 되었다. 그러나 하나님이 예수님의 십자가를 통해 인간의 죄를 용서하시고 모든 것을 회복시켜 주신다는 것이 기독교 세계관의 핵심이다.

2. 하나님께서 인간을 창조하신 목적은 그리스도 예수 안에서 선한 일을 하도록 하기 위함이다.

3. 하나님의 창조 명령 중에서 문화 명령은 다음과 같다.
   첫째, 하나님의 자녀들이 행복한 가정과 교회를 이루고 이 땅에 충만하라는 것이다.
   둘째, 이 땅을 정복하여 이 땅이 하나님을 찬양하는 거룩한 문화가 형성되도록 하라는 것이다. 이것이 문화적 소명이며, 문화적 명령이다.
   셋째, 하나님이 세상을 다스릴 통치능력을 인간에게 위임하셨으므로 하나님의 선하신 뜻대로(기독교 가치관에 따라) 이 세상을 다스리라는 것이다.

4. 에베소서 2장 10절 말씀을 외워보자.
   "우리는 그가 만드신 바라 그리스도 예수 안에서 선한 일을 위하여 지으심을 받은 자니…"

2부 기독교 세계관과 세속주의 세계관 비교

1. 기독교 세계관과 이슬람 세계관

이슬람은 어떤 세계관을 가지고 있나?

이슬람교는 610년, 사우디아라비아의 상인 무함마드에게 알라의 천사가 나
타나 신적 메시지를 전해주었다고 하는 전승에서 시작되었다. 그리고 무함
마드가 천사에게 듣고 기록했다고 하는 것이 이슬람의 경전인 '코란'이다.
이슬람이라는 말은 '복종'이라는 뜻이다. 무슬림은 이슬람의 신인 알라에게
복종하는 사람을 뜻한다.

2020년 현재, 전 세계 인구 60억 중에 16억이 이슬람교인데 이것은전 세
계인구의 4분의 1에 해당한다. 우리나라에는 아직 이슬람교의 영향이 많지
는 않지만 그래도 약 30만의 무슬림이 있으며, 이슬람을 위한 기도실이 공
항과 대학교에 각각 만들어지고 있다.

이슬람의 본고장은 중동이었는데 값싼 노동력인 무슬림이 유럽의 노동시장으로 유입되면서 지금은 유럽이 이슬람의 중심지로 변해가고 있다. 무슬림은 자녀를 많이 낳아서 이슬람을 번성케 하라는 무함마드의 가르침에 따라 출산율이 매우 높아서 쉽게 번창하며, 또 다른 사람을 적극적으로 포교하여 무슬림이 확장되고 있다.

현재 정치, 사회 전반에 걸쳐 그 영향력이 커지고 있는데, 영국은 국회의원 중 14명이 무슬림이다. 또한 런던 시장으로 무슬림 사디크 칸이 당선되자 이슬람 단체에서 영국의 5대 도시, 2층 버스 640대에 알라를 찬양하는 '알라에게 영광을' 이라는 문구를 넣어 광고를 내기도 했다. 뿐만 아니라 프랑스의 올랑드는 프랑스 국적이 없는 무슬림들에게 투표권을 주어 무슬림의 97%가 올랑드에게 투표하여 대통령에 당선되었다. 그는 무슬림의 요구를 들어주기로 약속하고 대통령에 당선되어서 불법 무슬림 이민자 50만 명을 사면해주었다.

무슬림은 자신의 종교가 국가보다 더 우선한다. 그래서 프랑스에 사는 무슬림에게 국적을 물으면, 프랑스라고 대답하는 것이 아니라 무슬림(이슬람)이라고 대답한다. 무슬림은 세속법을 지키는 것이 아니라 무슬림 율법인 샤리아 법을 지키고 적용함으로 사회적, 국가적으로 갈등하며 충돌을 일으키고 있다.
영국에서 무슬림 인구가 100만이 되었을 때 샤리아(Shariah)법을 도입하여 지역마다 국가와 상관없는 샤리아 법정이 생겼다고 한다. 그런데 샤리아법은 언론과 종교의 자유를 반대하기 때문에 이슬람에 대해 부정적인 언론이나 종교에 대해 테러를 하였다. 또한 샤리아법은 남녀평등을 반대하는 반인권법이기 때문에 많은 사회적 갈등과 문제를 초래하게 되었다. 무슬림에 의한 성폭력 문제도 매우 심각한 사회문제가 되고 있다.

> 영국에서는 2010-2011년 사이 14개월 동안 2,409명의 소녀들이 무슬림 조직폭력배에게 성폭력을 당했고, 스웨덴의 수도 스톡홀름에서는 2013년 7개월 동안 천명이 넘는 스웨덴 여성들이 무슬림 이민자에게 강간당했다. 이것은 무슬림이 여성을 남성에게 종속된 존재로 보고 여성의 인권을 무시하기 때문에 발생한 사건이다. 실제로 무슬림은 일부다처로 여러 여자를 데리고 살아간다. 그 외에도 무슬림의 범죄와 마약문제도 매우 심각한 사회문제가 되고 있다.

세 가지 질문

이슬람 세계관은 다음의 세 가지 질문에 대해 무엇이라 답을 하고 있는지 확인해보자.

첫째, 인간은 어떤 존재인가?
　"알라의 피조물이다."

알라는 인간을 복종하는 자, 신의 뜻을 받드는 종으로 창조했다고 주장한다. 인간은 알라로부터 약간의 지식과 의지, 능력을 부여받기는 했지만, 알라의 절대적 명령 앞에 오직 순종만을 요구받는 존재일 뿐이다.

둘째, 사회 문제의 원인은 무엇인가?
　"알라에게 불복종하는 것이다."

'복종하는 자'로 태어난 무슬림이 알라의 뜻에 반역하고 복종을 하지 않기 때문에 모든 문제가 발생한다. 개인의 인권이나 자유보다 알라에게 복종하는 것이 더 중요하다.

셋째, 어떻게 해결할 것인가?
　"알라에게 강제로라도 복종하게 해야 한다."

알라에게 복종하지 않는 사람들을 복종하게 만들어야 한다. 모든 사람을 이슬람교도로 개종시켜서 이슬람교의 경전인 코란의 가르침과 하디스에 따른 삶을 살도록 하고, 궁극적으로는 이슬람교의 율법인 샤리아에 따라 통치되는 이슬람 국가를 만들면 모든 문제가 해결된다.

이러한 세계관을 가지고 있기 때문에 알라에게 강제로 복종시키기 위해 수단 방법을 가리지 않으며 테러를 하기도 하고, 유혹을 하여 개종시키기도 한다. 이슬람의 남자들은 여러 여자와 결혼할 수 있기에 계속 여자를 유혹하여 결혼을 통해 강제 개종을 시키며 여성의 인권을 탄압한다.

이슬람교와 기독교는 어떻게 다른가?

아랍어로 하나님을 '알라'라고 한다. 이슬람은 유일신 알라를 믿지만 알라는 기독교의 하나님과 완전히 다르다. 이슬람의 알라는 사람이 만든 신이기 때문에 참 신이 아니다. 이슬람 경전인 코란에도 예수님이 등장하는데, 예수님이 하나님의 아들이 아니라, 하나님의 선지자라고 말하고 있다.

성경은 분명히 말씀한다.

요일 2:22-23

22. 거짓말하는 자가 누구냐 예수께서 그리스도이심을 부인하는 자가 아니냐 아버지와 아들을 부인하는 그가 적그리스도니
23. 아들을 부인하는 자에게는 또한 아버지가 없으되 아들을 시인하는 자에게는 아버지도 있느니라

예수님의 신성을 부인하는 사람은 거짓말하는 자며, 적그리스도라고 말씀하는데 이슬람교는 예수님의 신성을 부인한다. 기독교의 하나님은 인간의 지혜로는 도저히 이해할 수 없는 삼위일체 하나님이시다. 성부, 성자, 성령 하나님이 완전히 한 하나님이시며 능력, 신성, 영광이 동등하시지만 구원을 위한 각각의 역할이 다르다.

이 땅에 인간의 몸으로 오신 성자 예수님은 하나님의 아들이며, 우리의 죄를 대신 담당하기 위해 십자가에 죽으시고 부활하신 하나님이시다. 이슬람교는 예수님이 십자가에 죽으신 것도 부인한다. 알라가 자신의 선지자인 예수로 하여금 수치스러운 죽음을 당하도록 허용한 것은 혐오스럽다고 생각하여 예수님의 십자가를 부인하는 것이다.

이슬람교의 정신에는 낮아짐, 섬김, 희생, 이런 개념이 없다. 그래서 이슬람교는 중세시대에 전쟁을 일으켜 다른 나라의 국민들을 위협하여 "죽을래?, 코란을 믿을래?" 이렇게 하여 강제 개종을 하게 하였다.

이슬람교의 핵심은 '심판의 날'에 관한 것이다. 이날에는 모든 인간이 자신의 모든 행위, 즉 선하거나 악한 행위의 무게를 달아서 악행의 무게보다 선행의 무게가 더 무거워야만 지옥에 떨어지지 않고 낙원에 들어간다는 것이다. 그래서 이슬람의 구원 방법은 자기의 노력을 통해 얻어진다고 믿는다. 그들은 낙원에 들어가기 위해 선행을 강조하는데, 그 중에서 최고의 선행은 바로 '지하드'이다. 지하드는 '성전(holy war), 거룩한 전쟁'이라는 뜻인데,

원래는 자신의 죄와 유혹과 싸우는 전쟁을 뜻했다. 그런데 이것이 변질되어 서, 이슬람이 아닌 다른 사람들에게 테러를 가하고 그로 인해 자신이 죽게 되면 곧바로 낙원으로 간다고 믿는다. 그래서 무슬림들이 죽음을 불사하고 테러를 하는 것이다.

이처럼 이슬람의 알라는 죽음과 파괴의 신이지만 기독교의 하나님은 사랑과 생명의 하나님이다.

> 고전 1:18
> 십자가의 도가 멸망하는 자들에게는 미련한 것이요 구원을 받는 우리에게
> 는 하나님의 능력이라

십자가는 하나님의 능력이다. 십자가는 믿지 않는 자들에게는 미련하게 보 이고, 수치스럽게 보인다. 그러나 십자가는 하나님의 사랑의 극치를 보여주 는 놀라운 사건이다. 토마스 아 켐피스는 말했다. "십자가에는 구원이 있고, 십자가에는 생명이 있고, 십자가에는 원수를 이기는 부활의 힘이 있고, 하 늘의 행복이 있고, 영원한 완성이 있다. 십자가가 아니면 어떤 영혼도 구원 받지 못하고, 십자가가 아니면 어느 누구도 자유할 수 없고, 생명도 희망도 십자가를 떠나서는 없다."

기독교의 특징은 십자가의 사랑에 있다. 그렇다면 십자가의 사랑은 어떠한 사랑인가?

첫째, 십자가에 나타난 하나님의 사랑은 가치 없는 대상을 조건 없이 사랑 하는 무조건적 사랑이다. 인간의 사랑은 조건적이다. 예쁘고 가치 있는 것 을 사랑하는 조건적인 사랑이다. 하지만 십자가에 나타난 하나님의 사랑은

연약하고 경건치 않은 죄인들과 원수들을 사랑하는 무조건적 사랑이다. 우리는 이 사랑을 가리켜 아가페 사랑이라고 부른다. 십자가에 나타난 하나님의 사랑은 죄와 악을 범하는 죄인들도 사랑하고 심지어 하나님을 싫어하는 원수들까지도 사랑하는 무조건적인 사랑이다.

롬 5:6
우리가 아직 연약할 때에 기약대로 그리스도께서 경건하지 않은 자를 위하여 죽으셨도다

둘째, 십자가에 나타난 하나님의 사랑은 이타적인 사랑이다. 인간의 사랑은 자기의 행복을 추구하는 이기적인 사랑이다. 인간의 사랑은 대상을 내 것으로 소유하고 싶어 하며 나의 만족과 유익과 행복을 위해서 사랑한다. 그런데 십자가의 하나님 사랑은 자기 목숨까지 내어 주는 희생의 사랑, 즉 자신이 죽는 사랑을 하시며 자기를 버리는 사랑을 하신다. 우리는 십자가의 이타적 사랑으로 구원받았다.

롬 5:8
우리가 아직 죄인 되었을 때에 그리스도께서 우리를 위하여 죽으심으로 하나님께서 우리에 대한 자기의 사랑을 확증하셨느니라

셋째, 십자가에 나타난 하나님의 사랑은 가치 없는 대상 속에 새로운 가치를 만들어내는 창조적인 사랑이다. 십자가에 나타난 하나님의 사랑은 경건치 못한 사람을 경건한 사람으로 만들고, 죄인을 의인으로 만들며, 원수를 화목한 사람으로 만들고, 두려워하는 사람을 즐거워하는 사람으로 만드는 창조적인 사랑이다. 사도 바울은 십자가의 사랑을 받은 후 하나님과 사람들을 사랑하는 사랑의 노예가 되었다. 하나님의 아가페 사랑을 경험하면

자기만 사랑하던 사람이 다른 사람을 사랑하는 사랑의 사람이 된다.

롬 5:9
그러면 이제 우리가 그의 피로 말미암아 의롭다 하심을 받았으니 더욱 그
로 말미암아 진노하심에서 구원을 받을 것이니

요약

1. 이슬람은 '복종'이라는 뜻으로 무슬림은 이슬람의 신인 알라에게 복종하는 사람을 뜻한다. 이슬람교는 현재, 전 세계 인구의 4분의 1에 해당할 정도로 번창하고 있으며 정치, 사회 전반에 걸쳐 그 영향력이 크고 사회적, 국가적으로 다른 나라와 갈등하며 충돌을 일으키고 있다.

2. 이슬람 세계관은 세 가지 질문에 대해 다음과 같이 주장하고 있다.
   첫째, 인간은 알라의 피조물이다.
   둘째, 인간사회의 문제 원인은 알라에게 불복종해서 생긴 것이다.
   셋째, 모든 사람을 이슬람교도로 개종시켜서 이슬람교의 경전인 코란의 가르침과 하디스에 따른 삶을 살도록 하고, 샤리아법에 따라 통치되는 이슬람 국가를 만들면 모든 문제가 해결된다.

3. **이슬람교**는 알라에게 강제로 복종시키기 위해 수단 방법을 가리지 않는다. 테러, 유혹, 강제 개종, 여성의 인권 탄압 등을 자행하며 이슬람교의 정신에는 낮아짐, 섬김, 희생의 개념이 없다. 이슬람교는 '심판의 날'을 믿으며 '성전(holy war)'을 하다가 죽게 되면 곧바로 낙원으로 간다고 믿는다. **알라신**은 파괴와 죽음으로 이끄는 신이다.
   기독교의 특징은 십자가 사랑에 있는데 그 사랑은 가치 없는 대상을 조건 없이 사랑하는 무조건적 사랑이며, 자기 행복이 아닌 다른 사람의 행복을 추구하는 이타적인 사랑이며, 가치 없는 대상 속에 새로운 가치를 만들어내는 창조적인 사랑이다. 기독교의 하나님은 사랑과 생명의 하나님이다.

2. 기독교 세계관과 인본주의 세계관

말씀

예레미야 17장 5-8절

5. 여호와께서 이와 같이 말씀하시니라 무릇 사람을 믿으며 육신으로 그의 힘을 삼고 마음이 여호와에게서 떠난 그 사람은 저주를 받을 것이라

6. 그는 사막의 떨기나무 같아서 좋은 일이 오는 것을 보지 못하고 광야 간조한 곳, 건건한 땅, 사람이 살지 않는 땅에 살리라

7. 그러나 무릇 여호와를 의지하며 여호와를 의뢰하는 그 사람은 복을 받을 것이라

8. 그는 물가에 심어진 나무가 그 뿌리를 강변에 뻗치고 더위가 올지라도 두려워하지 아니하며 그 잎이 청청하며 가무는 해에도 걱정이 없고 결실이 그치지 아니함 같으리라

세속적 인본주의는 어떤 세계관을 가지고 있나?

인본주의는 영어로 휴머니즘(humanism)이다. '휴머니즘'이라고 하면 좋은 말처럼 들리지만 이것은 인간이 모든 것의 중심이라고 보는 세계관으로, 하나님 중심의 세계관으로부터 인간을 해방시키고자 하는 세계관이다. 여기에

서 의미하는 해방은 하나님으로부터 인간을 멀어지게 하는 세계관으로 영적 배후에는 마귀가 있다. 그래서 인간을 사랑하며 존중하는 인본주의가 아니라 하나님을 반대하여 인간을 하나님으로부터 멀어지게 하는 사상이므로 세속적 인본주의라고 말하는 것이다.

1941년 미국에서 창설된 인본주의자 협회가 내건 모토가 'Good without God'이었다. 이것은 "하나님 없이도 인간은 행복하다"는 것으로 이들은 버스 광고를 통해 홍보하곤 하였다. '하나님 없이도 행복할 수 있다.'는 세계관이 바로 세속적 인본주의의 관점이다.

세 가지 질문

세속적 인본주의는 세 가지 질문에 어떻게 답을 하는지 확인해보자.

첫째, 인간은 어떤 존재인가?
  "인간은 물질로서, 진화의 산물이다."

우주의 시작 어디쯤에서 가장 단순한 형태의 생명체가 우연히 생겨났고, 그 생명체가 점점 진화하여 오늘날 인간이라는 고등 생명체가 되었다. 또한 지금도 인간은 지속적으로 진화, 발전하는 존재다. 오직 눈에 보이는 것만 존재한다고 하면서 정신이나 마음은 뇌와 신체의 화학작용의 결과라고 말하며, 인간도 동물과 똑같은 진화의 산물로 본다.

둘째, 사회 문제의 원인은 무엇인가?
  "인간의 진화와 발전을 막는 것은 무지와 종교다."

인간이 스스로 생물학적으로나 사회적으로 완전함에 이를 수 있다. 그런데 진화하고 발전할 수 있는 인간의 잠재력을 방해하는 것이 무지와 종교며, 특히 종교가 인간의 자율성을 빼앗고 인간을 노예로 만든다. 그래서 인간을 무지한 노예로 만드는 신을 몰아내야 한다고 주장한다.

셋째, 어떻게 해결할 것인가?
　"과학기술로 모든 문제를 해결할 수 있다."

영적인 영역은 없으며 인간의 이성적 능력으로 지식과 과학기술을 발달시키면 인간사회의 모든 문제를 해결할 수 있다. 물질만 존재한다고 믿기 때문에 인간의 행복도 물질적인 만족에 달려있다. 죽음 이후의 세계는 없으며, 최후의 심판 같은 것도 없으니 살아있는 동안 신나게 즐기며 살면 된다고 보는 것이다.

세속적 인본주의와 기독교는 어떻게 다른가?

클로랜스 다로우라는 인본주의자는 이렇게 말했다.
"인간의 목적은 올챙이의 목적과 같다. 죽지 않고 갈 수 있는 가장 먼 곳까지 기어가든가, 죽음이 그를 취할 때까지 삶을 영위하는 것뿐이다."
인본주의자가 생각하기에 진화의 결과물인 인간은 올챙이와 다를 바가 없는 존재로 본다. 잠시 있다가 사라지는 존재이므로 쾌락의 삶을 살다 죽으면 된다고 함으로써 많은 젊은이들이 마약과 술에 빠져도 괜찮은 것처럼 생각하고 허무주의적 생각으로 살도록 이끌고 있다.

미국의 인본주의자들은 공교육에서 하나님을 지워버렸으며, 모든 공적인 장

소와 학교에서 종교적인 교육과 종교적인 행위를 할 수 없게끔 하였다. 우리나라도 1950년대에 존 듀이의 교육사상에 영향을 받은 학자들을 중심으로 세속적 인본주의 교육이 시작되었다.

성경은 하나님을 의지하지 않고, 오직 눈에 보이는 것에 만족하고 사는 세속적 인본주의로 사는 것에 대해 다음과 같이 말하고 있다.

렘 17:5
여호와께서 이와 같이 말씀하시니라 무릇 사람을 믿으며 육신으로 그의 힘을 삼고 마음이 여호와에게서 떠난 그 사람은 저주를 받을 것이라

하나님을 의지하지 않는 사람은 저주를 받는다고 말씀하는데 어떤 저주를 받는가?

렘 17:6
그는 사막의 떨기나무 같아서 좋은 일이 오는 것을 보지 못하고 광야 간조한 곳, 건건한 땅, 사람이 살지 않는 땅에 살리라

여기서 사막은 버려진 땅(waste land)이며, 떨기나무는 쓸모없는 덤불(dumble)인데, 하나님 없이 사는 사람은 황무지와 같은 사막의 버려진 덤불처럼 쓸모없고 외로운 인생을 살아간다고 말씀한다. 이런 인생에게 행복은 없으며 늘 건조하고 메마른 인생으로 살다 길 뿐이다. 그러나 하나님을 의지하는 사람은 물가에 심겨진 나무와 같다고 말씀한다.

렘 17:7-8
7. 그러나 무릇 여호와를 의지하며 여호와를 의뢰하는 그 사람은 복을 받

을 것이라

8. 그는 물가에 심어진 나무가 그 뿌리를 강변에 뻗치고 더위가 올지라도 두려워하지 아니하며 그 잎이 청청하며 가무는 해에도 걱정이 없고 결실이 그치지 아니함 같으리라

하나님을 의지하는 사람은 날이 덥고, 비가 오지 않는 가뭄 속에서도 물이 넉넉하기 때문에 나무가 마르지 않으며, 열매도 풍성히 맺히게 된다. 하나님을 의지함으로 행복한 삶을 살아간 다윗을 보자.

시 21:7
왕이 여호와를 의지하오니 지존하신 이의 인자함으로 흔들리지 아니하리이다

다윗은 왕이라 할지라도 자신이 연약한 인간임을 알고 하나님을 의지한다. 다윗이 하나님을 의지할 때 하나님께서 다윗의 힘이 되어주셨다. 우리 역시 마음이 흔들리고, 관계가 흔들리고, 경제가 흔들리고, 삶이 흔들릴 때, 하나님을 의지하면 하나님께서 우리를 붙들어 주셔서 승리하게 하신다. 하나님을 의지하는 것이 무지하고 어리석은 것이 아니라, 하나님을 의지하는 자가 강하고 지혜롭고 형통한 삶을 살게 되는 것이다.

그런데 하나님을 믿기는 하지만 하나님께 모든 것을 다 맡길 수 없다는 신앙인이 있는데 이런 사상을 이신론이라고 한다. 이신론은 하나님이 우주만물과 인간을 창조하셨지만, 그 후에는 인간을 돕지 않으시고, 내버려 두신다는 세계관을 말한다. 하나님은 우리 인간에게 관심이 없으니까 하나님을 의지하지 말고, 자기 힘으로 살아야 한다고 말하는 이신론은 인본주의적 신앙이라고 할 수 있다.

다음과 같은 특성을 가지고 있을 때 이신론에 빠지기 쉽다.

- 마음에 상처가 있어서 사람을 인격적으로 신뢰하기 어려운 사람
- 부모에게 버려졌거나 방치된 사람
- 반항적 성격을 가지고 있는 사람
- 사람들에게 배신당하고 교회 직분자에게 상처 입은 사람

나는 이 모든 것을 다 가지고 있었다. 마음에 상처가 많아서 사람을 신뢰하기가 어려웠으며, 부모에게 심리적으로 버려졌으며, 둘째 아들로 반골성향이 강했다. 아버지가 목사였는데 자녀를 차별하여 나를 외면하였기에 하나님을 믿기에 어려운 사람이었다.

나처럼 사랑과 돌봄을 받지 못한 사람은 부모가 나를 돕지 않고 상처를 주었듯이 하나님도 우리 부모처럼 나를 돕지 않을 것이라는 생각을 하게 된다. 이런 마음이 치료되지 않으면 하나님을 믿어도 하나님을 온전히 신뢰하기가 힘들다.

나는 하나님의 강권적인 은혜로 하나님의 사랑을 강력하게 깨닫게 되었으며 그 사랑으로 과거의 상처가 치료되는 경험을 하였다. 그래서 하나님을 온전히 신뢰하며 그분의 사랑을 느끼며 사는 행복한 목사가 되었다. 아직 상처가 해결되지 못한 사람은 하나님을 믿어도 하나님을 의지하기 힘들다. 기도하기도 어렵고 기도해도 피상적인 기도만 하게 된다. 믿음의 사람 다윗도 부모와 형제에게 버림받은 사람이었다.

> 시 27:10
> 내 부모는 나를 버렸으나 여호와는 나를 영접하시리이다

다윗이 하나님과 교제하면서 깨달은 사실은 '하나님은 우리의 부모와 다르

고 상처를 준 사람과 다르다.'는 사실이다. 하나님은 우리를 사랑하셔서 죄 가운데서 우리를 구원하기 위해 자기 목숨을 주시기까지 사랑하시고 우리를 영원히 책임져주시는 하나님이시다.

하나님이 나를 돕지 않는다는 것은 사실이 아니다. 이것은 하나님을 의지하지 못하게 만드는 사탄의 속임수요 거짓말이다. 우리의 아버지 되시는 하나님은 전능하신 하나님이다. 우리를 사랑하셔서 우리 인생을 책임지겠다고 약속하셨으며 약속을 지키시는 분이다. 오직 하나님을 의지함으로 물가에 심어진 나무처럼, 늘 푸르고 열매가 풍성한 인생으로 살아가보자. 하나님이 우리를 돌보심을 믿는 것이 바로 성경적 세계관에 기초한 삶이다. 하나님께서는 우리 모두가 이런 삶을 살아가기를 원하시며 이끌어주신다.

요약

1. 세속적 인본주의는 인간이 모든 것의 중심이라고 보는 세계관으로, 하나님 중심의 세계관으로부터 인간을 해방시키고자 하는 세계관이다. 하나님을 반대하여 인간을 하나님으로부터 멀어지게 하는 사상이므로 세속적 인본주의라고 말한다.

2. 세속적 인본주의는 세 가지 질문에 대해 다음과 같이 말한다.
   첫째, 인간은 물질로서, 진화의 산물이다.
   둘째, 인간사회의 문제 원인은 무지와 종교다.
   셋째, 과학기술로 모든 문제를 해결할 수 있다.

3. 세속적 인본주의는 하나님을 지워버리고 자기중심대로 살라고 강조한다. 진화의 결과물인 인간은 잠시 있다가 사라지는 존재이므로 쾌락의 삶을 살다 가면 된다고 말한다.
   성경은 하나님 없이 사는 사람은 메마른 인생이며, 하나님을 의지하는 사람은 풍성한 열매를 맺는다고 한다. 하나님을 믿지만, 하나님께 모든 것을 다 맡기지 못하는 이신론을 조심하고 잘못된 생각을 바꾸어야 한다. 하나님이 우리를 돌보심을 믿는 것이 바로 성경적 세계관에 기초한 삶이다.

3. 기독교 세계관과 마르크스주의 세계관

말씀

로마서 3장 23-24절

23. 모든 사람이 죄를 범하였으매 하나님의 영광에 이르지 못하더니
24. 그리스도 예수 안에 있는 속량으로 말미암아 하나님의 은혜로 값 없이 의롭다 하심을 얻은 자 되었느니라

마르크스주의는 어떤 세계관을 가지고 있나?

18세기 중반, 유럽의 산업혁명과 함께 자본주의가 등장하면서 가난과 실업, 억압과 불평등, 전쟁과 제국주의 침략 등 자본주의의 문제가 나타나기 시작하였다. 이때 칼 마르크스가 '공산당 선언(1848년)'을 발표하면서 공산주의가 등장하기 시작했다.

공산당 선언의 핵심은 유물론과 계급투쟁론이다. 유물론은 "모든 것은 물질(돈)에서 나오며, 돈이 모든 것을 결정한다."고 본다. 인간의 정신도 물질의 토대 위에 세워진다고 하는 유물론은 자본주의보다 훨씬 더 물질을 숭배한다. 그리고 돈을 가진 부자계급이 가난한 노동자계급을 착취하여 부를 축적했다고 보고 계급 철폐를 주장한다. 계급투쟁론은 노동자가 혁명을 일으켜

서 부자들을 다 없애버리고 사유재산제도를 철폐함으로써 공평하게 부를 나누는 유토피아를 건설해야 한다는 주장이다.

이탈리아의 공산주의자인 안토니오 그람시는 감옥에서 쓴 '옥중수고(대학노트 36권)'에서 혁명의 전략을 두 가지로 제시했다. 그것은 '기동전'과 '진지전'이다. '기동전'은 짧은 시간 동안 폭력을 사용하여 기존 질서를 뒤집어엎는 것이며, '진지전'은 자본주의적인 가치관을 점진적으로 부정함으로써 주도권(헤게모니)을 빼앗아오는 전략이다. 진지전은 정치, 사회, 문화, 예술, 언론, 교육 등 모든 분야에 서서히 침투해서 사회 전체의 분위기가 사회주의와 공산주의 사상을 지지하게 하는 분위기를 만드는 것이다. 그리고 가치관, 학문, 예술, 논리 등에서 공산주의 용어들을 확산시켜 사람들이 자신도 모르게 공산주의자가 되도록 만든다.

마르크스주의는 가난하고 착취당한 노동자가 부자들을 죽이고 그들의 부를 공평하게 나누면 유토피아를 건설할 수 있다고 주장하는데 역사적으로 볼 때 프롤레타리아 혁명이 성공한 구소련을 볼 때 잘 사는 나라가 되었는가? 그렇지 않다. 공산혁명이 성공한 나라들을 보면, 노동자들은 굶고, 공산당이 특권층이 되어 공산주의자들만 잘 사는 나라가 되었고 결국에는 나라가 망하는 결과를 초래하였다.

이들은 기독교를 파괴해야만 공산화가 된다고 보았다. 그래서 성경을 불신하도록 유도하며 교회를 파괴하기 위한 전략을 세운다. 그리고 성 혁명을 내세워 동성애를 죄가 아니라고 주장하고, 죄라고 말하면 오히려 그 사람을 처벌할 법을 만든다. 특별히 급진적인 페미니스트와 결합하여 성 혁명과 성적 자유를 이슈화하여 가정을 해체하려는 전략을 쓰고 있다. 이들은 인권과 동성애를 연결해서, 동성애를 옹호하는 것이 인권을 보호하는 것이며, 동성애를 인정하지 않으면 인권을 침해하는 것이라고 현혹하고 있다. 이렇게 진지를 하나씩 확보해나가다가 대세가 유리해졌을 때 진지에서 뛰쳐나와 기동전으로 정권을 장악하여 계급혁명을 성공시키는 전략을 쓴다. 이들은 목적달성을 위해서는 수단과 방법을 가리지 않는 특성이 있다.

세 가지 질문

마르크스주의 세계관에서 말하는 세 가지 견해는 다음과 같다.

첫째, 인간은 어떤 존재인가?
　　"계급 간 갈등이 있는 존재다."

사회는 항상 계급이 존재하며 계급 간에 갈등이 존재하는데, 부자계급은 악이고, 노동자계급은 선이라고 규정한다. 그래서 선한 노동자가 악한 부자를 제거하고 유토피아를 건설하는 것을 목표로 한다.

둘째, 사회 문제의 원인은 무엇인가?
　　"분배의 불평등이 문제의 원인이다."

불평등한 물질의 분배가 모든 문제의 원인이라고 보기 때문에 부의 불평등을 제거하기 위해 사유재산 철폐를 주장한다.

셋째, 어떻게 해결할 것인가?
　　"프롤레타리아 혁명을 통해서 문제를 해결해야 한다."

공산혁명을 통해 부자인 부르주아를 타도하고 노동자인 프롤레타리아를 해방시켜 경제적 불평등을 해소하고 사유재산을 철폐하면 유토피아를 건설할 수 있다고 주장한다. 이러한 목적을 위해서는 폭력이나 거짓말 등 수단과 방법을 가리지 않아도 된다고 주장한다. 그래서 혁명 과정에서 수백만 명의 국민들이 학살당하는 것을 정당화한다.

마르크스주의 세계관과 기독교는 어떻게 다른가?

마르크스주의에서는 헤게모니, 즉 주도권을 잡는 것을 중요하게 생각한다. 사회에서 주도권을 가진 사람, 힘과 권력을 가진 사람이 다른 사람에게 힘을 행사할 수 있기 때문이다. 주도권을 가지게 되면 "내가 옳으니 나를 따르라"는 주장으로 사상을 장악하려 한다.

집단에서 절대적인 자리에 올라 대세가 되면 사람들은 그 사람의 말을 무조건 믿고 따르려는 군중심리가 생긴다. 이때 권력자인 대세에게 반대하는 경우, 사람들은 반대하는 사람의 의견은 들어보지도 않고, 알려고도 하지 않는다. 이렇게 내세가 된 사람은 하나님과 같은 수준의 경배와 영광을 받는 위치에 서게 된다. 이것이 마르크스주의의 핵심이며, 에덴동산에서 사탄이 아담과 하와를 유혹한 핵심전략과 같다.

기독교에서는 "하나님이 우리를 사랑하신다. 세상의 물질에 집착하지 말고, 영원한 천국을 바라보고 서로 사랑하라."고 말씀한다. 이러한 말씀 속에는 주도권 싸움이 없고 서로 사랑하고자 하는 마음이 생기도록 한다. 그래서 신앙을 가진 노동자들은 투쟁하기보다 서로 사랑하려 하기 때문에 공산주의자들은 교회가 하나님의 말씀으로 노동자를 세뇌시켜서 부자들의 기득권을 유지하게 도와주는 악의 세력이기에 교회를 없애야 한다고 주장한다.

또한 공산주의의 경제관은 '능력만큼 일하고 필요한 만큼 사용하자.'는 것이다. 그러나 인간은 죄인이므로 능력만큼 일하려 하지 않고, 필요보다 더 많이 소유하고 사용하려는 악한 본성이 있다. 그래서 공산주의 경제관을 적용하면 사람들은 열심히 일하려 하지 않아 생산성이 떨어지며, 국가의 소득은 줄어드는데 적은 소득으로 분배를 하니 모두 다 가난하게 되는 것이다.

사도행전에 보면 성령 충만한 초대교회가 물건을 서로 통용하였다는 말씀이 나온다.

> 행 2:44-45
> 44. 믿는 사람이 다 함께 있어 모든 물건을 서로 통용하고
> 45. 또 재산과 소유를 팔아 각 사람의 필요를 따라 나눠 주며

초대교회는 능력에 따라 일하고, 필요에 따라 나누며 살았다. 자기의 소유를 주장하지 않고 필요한 사람에게 나누어주었다. 그야말로 사랑이 넘치고 인간의 욕심이 사라진 천국 같은 모습이다. 그러나 이것은 오순절 성령강림을 경험한 예수님의 제자들이 성령 충만하여 욕심을 버리고 자발적으로 재산을 나누었기에 가능했던 것이다. 이런 세상은 공산주의 사상으로 되는 것이 아니라 성령 충만할 때 가능한 것이다. 이런 유토피아를 인간의 힘으로 만들 수 있다고 생각하는 것은 인간의 죄성을 무시한 어리석은 생각이다.

성경은 분명히 말씀한다.

> 롬 3:23-24
> 23. 모든 사람이 죄를 범하였으매 하나님의 영광에 이르지 못하더니
> 24. 그리스도 예수 안에 있는 속량으로 말미암아 하나님의 은혜로 값없이

의롭다 하심을 얻은 자 되었느니라

모든 인간은 한 사람도 예외 없이 죄를 범하였다. 그래서 하나님의 영광에 이를 수가 없다. 인간이 죄인이라는 말은 자본가도, 노동자도, 죄인임을 의미한다. 죄가 가득한 이 땅에서의 불평등은 어쩔 수 없는 현상이다. 지상낙원은 폭력 혁명을 통해 부를 공평하게 나누는 것이 아니라, 자기의 죄를 회개하고 예수님을 그 마음에 모신 사람의 마음과 그들의 관계 속에 천국이 임하는 것이다.

눅 17:20-21
20. 바리새인들이 하나님의 나라가 어느 때에 임하나이까 묻거늘 예수께서 대답하여 이르시되 하나님의 나라는 볼 수 있게 임하는 것이 아니요
21. 또 여기 있다 저기 있다고도 못하리니 하나님의 나라는 너희 안에 있느니라

공산주의는 노동자에게 돈이 없어서 어쩔 수 없이 노동자가 되었고, 돈 많은 부자들에게 착취를 당했다고 세뇌한다. 착취를 당했다고 생각하면 피해의식이 생기고 분노가 생기면서 착취한 자들을 처단하려는 폭력 혁명을 하고 싶은 생각이 들게 된다. 그래서 공산주의자는 함께 행복한 사회를 만들 수가 없다.

기독교 세계관은 인격적인 하나님께서 인간에게 자유의지를 주시고, 스스로 선택할 수 있는 힘을 부여하셨다고 말씀한다. 하나님께서 아담과 하와를 만드시고 에덴동산에 있는 모든 것을 자유롭게 마음껏 누리도록 허락하셨다. 하지만 '동산 중앙에 있는 선악을 알게 하는 나무의 열매만 먹지 말라.'고

분명한 한계를 설정하셨다. 먹으면 반드시 죽는다고 분명한 기준을 제시해 주셨다. 그러나 그것도 강제로 먹지 못하도록 한 것이 아니고 선택권을 인간에게 맡기셨다. 선악과를 먹은 인간은 그 책임을 져야 하는데 그것은 바로 죽음이다.

그런데 예수님께서 우리의 죄를 대신 감당해 주셔서 우리가 예수님을 믿기만 하면, 지옥에 가지 않고 천국에 갈 수 있게 된 것이다. 뿐만 아니라 이 땅에서도 새로운 피조물로 사는 축복을 주셨다. 하나님 안에서 우리는 누구도 피해자가 아니라, 놀라운 사랑과 은혜를 입은 자인 것이다. 이처럼 기독교 세계관은 은혜가 가득한 세계관인 것이다.

폭력 혁명에 의해 다른 사람의 것을 강제로 빼앗게 하는 것은 인간을 행복하게 할 수 없으며, 그 제도는 오래 갈 수가 없다. 그러나 하나님의 은혜를 받은 사람은 그 마음이 행복하고 넉넉하고 풍성해져서 받은 은혜를 다른 사람과 나누고 싶은 마음이 생긴다. 내가 가진 돈을 나누고, 내 시간을 나누고, 내 재능을 나누어주며 섬길 수 있는 것, 이것이 바로 기독교 세계관이 지향하는 것이며, 은혜 입은 자로 행복하게 사는 것이 바로 성도의 삶이다.

요약

1. 마르크스주의의 핵심은 유물론과 계급투쟁론이다. 유물론은 "모든 것은 물질(돈)에서 나오며, 돈이 모든 것을 결정한다."는 견해로 물질 숭배사상이다. 계급투쟁론은 돈을 가진 부자계급이 가난한 노동자계급을 착취하여 부를 축적했으므로 사유재산제도를 철폐하여 공평하게 부를 나누는 유토피아를 건설하자는 것이다.

2. 마르크스주의 세계관에서 말하는 세 가지 견해는 다음과 같다.
   첫째, 인간은 계급 간 갈등이 있는 존재다.
   둘째, 분배의 불평등이 문제의 원인이다.
   셋째, 문제 해결은 프롤레타리아 혁명을 통해서 가능하다. 목적을 위해서는 폭력이나 거짓말 등 수단과 방법을 가리지 않아도 된다.

3. 마르크스주의에서는 주도권을 잡아야 다른 사람에게 힘을 행사할 수 있기 때문에 모든 분야에서 주도권을 잡으려 하며 반대 의견을 가진 사람은 가차 없이 제거하려 한다. 또한 공산주의자들은 교회가 노동자를 세뇌시켜서 부자들의 기득권을 유지하게 도와주는 악의 세력이기에 교회를 없애야 한다고 주장한다.
   기독교에서는 하나님의 사랑으로 서로 사랑하며 영원한 천국을 사모하며, 능력에 따라 일하고, 필요에 따라 나누며 살라고 한다. 천국은 죄를 회개하고 예수님을 그 마음에 모신 사람의 마음과 그들의 관계 속에 임하므로 기독교에서는 하나님의 은혜를 받아 그 은혜를 다른 사람과 나누며 살 것을 강조한다.

4. 기독교 세계관과 뉴에이지 세계관

고린도전서 15장 17-20절

17. 그리스도께서 다시 살아나신 일이 없으면 너희의 믿음도 헛되고 너희가 여전히 죄 가운데 있을 것이요

18. 또한 그리스도 안에서 잠자는 자도 망하였으리니

19. 만일 그리스도 안에서 우리가 바라는 것이 다만 이 세상의 삶뿐이면 모든 사람 가운데 우리가 더욱 불쌍한 자이리라

20. 그러나 이제 그리스도께서 죽은 자 가운데서 다시 살아나사 잠자는 자들의 첫 열매가 되셨도다

뉴에이지는 어떤 세계관을 가지고 있나?

뉴에이지(new age)는 '새로운 시대, 새로운 운동'이라는 뜻으로 새로운 사상인 것처럼 보이지만 실제로는 불교, 도교, 힌두교 등 여러 잡다한 무속신앙이 함께 섞여 있는 현대판 신비주의 운동이다. '뉴에이지'라는 용어가 무언가 신비스러운 느낌을 주니까 기독교인들도 뉴에이지 세계관에 많이 현혹되곤 하는데 뉴에이지는 하나님을 인정하지 않고 모든 것을 신이라고 말하는 범신론 사상이다. 범신론은 인간은 모두 스스로를 구원할 수 있다고 외치며 하나님만 신이라고 하는 것은 독선이고 무지한 것이라고 주장한다.

뉴에이지 세계관이 특히 위험한 이유는 이 사상이 영화와 음악 같은 예술 영역에 침투해서 사람들을 현혹하기 때문인데 그것을 잘 보여주는 대표적 영화, 두 개만 소개하고자 한다.

첫 번째로 '아바타'다. 서기 2,154년, 지구의 에너지가 고갈되어서 지구인들은 우주 멀리에 있는 판도라 행성에서 대체자원을 채굴하려고 한다. 하지만 판도라 행성에는 독성물질이 있어서 인간이 숨을 쉴 수 없다. 그래서 판도라에 살고 있는 나비족에게 인간의 의식을 주입하여, 원격 조정을 하는 새로운 생명체 '아바타'를 만들고 주인공 제이크가 아바타가 되어 판도라 행성에 들어간다.

제이크가 나비족과 교류하던 중에 지구에서 판도라 행성을 침략하여 강제로 자원을 강탈하려고 한다. 그러자 제이크는 나비족을 규합하여 침략군과 맞서 싸우는데 이때 뉴에이지의 사상을 보여주는 장면이 등장한다.

판도라 행성의 중앙에 생명나무 같이 보이는 거대한 나무가 나오는데 지구에서 침입한 악당을 물리치기 위해 부족민들이 다 모여서 손에 손을 잡고 주문을 외운다. 이때 생명나무와 부족민이 서로 연결되면서 엄청난 에너지를 얻어 적을 물리친다. 어떤 신비스러운 우주적 힘과 연결되어서 악을 이 긴다는 것이다.

이 장면을 보며 예수 믿는 사람들은, '아, 저것이 바로 정의의 편에서 약자를 도와주시는 하나님인가?' 하는 생각을 하기도 한다. 이렇게 하나님과 범신론 사상을 뒤섞어서 기독교인들을 혼란시키는 것이 뉴에이지 세계관이다. 그 신비로운 나무는 하나님이 아니며 거짓으로 만들어낸 이야기에 불과하다. 이런 내용은 하나님에 대해 왜곡된 생각을 불러 넣을 수 있기 때문에, 영화를 재미있게 볼 수는 있지만 기독교적 가치관과는 다른 것임을 알고 봐야 할 것이다.

두 번째, '스타워즈'다. 이 영화에서는 제다이라고 하는 전사들이 나온다. 제다이들은 서로 인사할 때 '포스가 당신과 함께 하시기를……' 이라는 말을 되풀이한다. 이것은 포스의 힘이 당신을 도와주어서 목표를 완수할 수 있기를 바란다는 뜻이다. 포스는 실체가 없는 우주적 에너지, 어떤 신비로운 힘이다. 그런데 포스 대신 하나님을 넣어도 말이 된다.

'하나님이 당신과 함께 하시기를……'

분별력이 부족한 성도들은 '아, 포스가 하나님이구나' 이렇게 오해하기도 한다. 뉴에이지 세계관이 위험한 것은 이처럼 기독교의 하나님과 뉴에이지에서 말하는 신의 개념이 자연스럽게 서로 뒤섞이도록 유도하는 것이다. 하나님은 '우주적 에너지'라는 거짓 신념을 관객에게 주입하고 있는 점은 잘못된 사상이다.

세 가지 질문

뉴에이지 세계관은 3가지 질문에 어떻게 대답하는지 살펴보자.

첫째, 인간은 어떤 존재인가?

"인간은 근본적으로 선하며, 모든 개인은 신이다."

인간과 모든 생명체와 우주는 하나이며 모든 것이 신이다. 그러나 모든 것이 신이라는 말은, 모든 것이 신이 아니라는 말과 같은 의미로 모호한 점이 있다.

둘째, 사회 문제의 원인은 무엇인가?

"아트만(ātman)과 브라만(brahman)이 서로 소통하지 못하기 때문에 문제가 발생한다."

자기 자신은 '아트만'이며, 거대하고 진정한 우주적 자아는 '브라만'인데 아트만이 브라만과 소통하지 못하고, 사람의 욕심과 집착 때문에 문제가 생기므로 욕심과 집착을 버리고 마음을 비우면 문제가 사라진다. 이런 깨달음에 도달하면 인간이 신이 되는 것이고 이 깨달음은 바로 아트만과 브라만이 소통하는 것이다.

무슨 의미인지 이해하기 어려운 것이 뉴에이지의 특징이다. 애매모호하고 이해하기 어렵게 말하면서 이런 깨달음에 이르는 길은 아주 다양한데, 굳이 특정 종교만 고집하는 것은 잘못된 것이라고 말한다. 그래서 오직 예수 구원만 주장하는 기독교를 편협하고 배타적인 종교라고 하며 기독교가 깨달음에 이르지 못하게 한다고 공격한다.

셋째, 어떻게 해결할 것인가?

"명상과 같은 자기 수련이다."

뉴에이지 세계관에서는 깨달음을 얻는 것이 중요한데 깨달음을 얻기 위해 명상이나 자기수련처럼 자신의 노력으로 영성을 각성시켜서 육체나 현실의 삶에서 벗어남으로써 모든 문제를 해결할 수 있다고 말한다. 명상을 통해 저급한 의식이 고등한 의식으로 진화하며, 이때 우주적 큰 자아와 합일을 이루어 신이 된다고 주장한다. 즉 마음을 다스려서 욕망을 비움으로 기분을 좋게 하고 정신을 맑게 만들고 명상을 통해 자기 욕망과 집착을 비워낸다. 그러면 마음의 고통이 없어지고 마음이 '무(無)'의 상태가 됨으로 모든 문제가 사라진다고 믿는다.

뉴에이지와 기독교는 어떻게 다른가?

뉴에이지의 신은 관념적인 신, 생각으로 만든 신이다. 실존하는 살아있는 인격적인 신이 아니다. 그러나 기독교의 하나님은 인격적인 삼위일체 하나님이시며, 영원한 창조주 하나님이시다. 기독교의 믿음은 관념이 아니라 실재다.

> 고전 15:17
> 그리스도께서 다시 살아나신 일이 없으면 너희의 믿음도 헛되고 너희가
> 여전히 죄 가운데 있을 것이요

예수님은 성자 하나님이시지만 인간의 죄를 대속하심으로 구원하기 위해 분명히 이 땅에 인간으로 오셨고, 십자가에 죽으셨고 부활하셨다. 예수님은 정신적 부활, 상징적 부활이 아니라 역사 속에서 실제로 부활하셨다.

> 고전 15:20
> 그러나 이제 그리스도께서 죽은 자 가운데서 다시 살아나사 잠자는 자들

의 첫 열매가 되셨도다

성경을 믿지 않는 자유주의 신학자들은 부활의 정신만 강조한다. 부활의 실제가 없는데 부활의 정신만 강조하는 것은 거짓이며, 왜곡이다. 돈의 집착, 자녀에 대한 집착, 미움과 분노 등 마음을 괴롭히는 것들을 다 비워내면 문제가 해결된다고 하며 이것이 스스로를 구원하는 방법이라고 하는데 과연 명상을 통해 욕망을 버릴 수 있을까?

롬 6:17
… 너희가 본래 죄의 종이더니 …

타락한 인간은 죄를 지을 수밖에 없는 죄의 종이기 때문에 아무리 명상을 하고 수련을 해도 마음에 있는 미움과 집착과 욕망을 버릴 수 없다. 명상을 하는 그 순간에는 몸과 마음이 이완되면서 편안해지니까 잠깐 욕망이 사라지는 것같이 느낄 수 있다. 그러나 시간이 지나면 다시 욕망의 지배를 받는다. 인간의 본질은 죄인이요, 타락된 존재다. 결코 욕심과 집착에서 벗어날 수 없다. 마음을 비우는 것으로 죄 문제를 해결할 수 없다. 우리의 죄는 오직, 인간의 모든 죄를 대신 담당해주신 예수님의 십자가를 믿음으로 해결될 수 있는 것이다.

골 2:14
우리를 거스르고 불리하게 하는 법조문으로 쓴 증서를 지우시고 제하여
버리사 십자가에 못 박으시고

죄에서 자유롭게 되는 길, 마음의 평화를 누리는 길은 예수님의 십자가를 붙잡는 것이다. 사탄의 정죄가 있을 때에도 '주님의 십자가가 나를 용서하

셨다.'라고 확신만 하면 모든 죄가 다 사해지는 것이다. 매순간 예수님께 나아가면 우리의 모든 죄는 용서받는다.

요 14:6
예수께서 이르시되 내가 곧 길이요 진리요 생명이니 나로 말미암지 않고는 아버지께로 올 자가 없느니라

오직 구원은 예수님의 이름으로 얻는다. '오직 예수!' 그래서 우리가 그 이름, 예수를 찬양하는 것이다.

요약

1. 뉴에이지는 하나님을 인정하지 않고 모든 것을 신이라고 말하는 범신론 사상이다. 범신론은 모든 것이 신이며, 인간은 모두 스스로를 구원할 수 있다고 외친다. 하나님만 신이라고 하는 것은 독선이고 무지한 것이라고 주장한다. 뉴에이지 세계관은 영화와 음악 같은 예술 영역에 침투해서 사람들을 현혹한다.

2. 뉴에이지 세계관은 3가지 질문에 대해서 다음과 같이 답하고 있다.
   첫째, 인간은 근본적으로 선하며, 모든 개인은 신이다.
   둘째, 아트만과 브라만이 소통하지 못하기 때문에 문제가 발생한다.
   셋째, 문제 해결 방법은 명상과 같은 자기 수련이다.

3. 뉴에이지의 신은 관념적인 신, 생각으로 만든 신이다. 그래서 예수님의 부활도 정신만 부활했다고 말하며, 명상을 통해 문제가 해결될 수 있다고 말한다. 그러나 기독교의 하나님은 인격적인 삼위일체 하나님이시며, 영원한 창조주 하나님이시다. 기독교의 믿음은 관념이 아니라 실재다. 예수님은 성자 하나님이시지만 인간을 구원하기 위해 분명히 역사 속에, 이 땅에 인간으로 오셨고, 십자가에 죽으셨고 부활하셨다.
   또한 인간은 죄인이기 때문에 아무리 명상을 하고 수련을 해도 마음에 있는 미움과 집착과 욕망을 버릴 수 없다. 우리의 죄는 오직 모든 죄를 대신 담당해주신 예수님의 십자가를 믿음으로 해결될 수 있다.

5. 기독교 세계관과 포스트모더니즘 세계관

말씀

사사기 21장 25절

그 때에 이스라엘에 왕이 없으므로 사람이 각기 자기의 소견에 옳은 대로 행하였더라

포스트모더니즘은 어떤 세계관을 가지고 있나?

17-18세기 계몽주의 영향으로 인간의 이성과 과학을 신뢰하며 나타난 사조가 모더니즘이다. 그런데 20세기 중반 이후에 이성과 과학에 대한 믿음이 흔들리면서 포스트모더니즘이 등장하였다. 포스트모더니즘은 기존의 모든 패러다임을 깨고 상대주의와 해체주의로 모든 것을 바라보고 생각하라고 말한다.

상대주의는 영원불변하는 절대적 진리란 없고 모든 진리는 상대적이라는 것이다. 그래서 모든 사람은 다 각자의 입장이 있고, 그 나름대로 옳으므로 인정해주어야 한다고 말한다. 해체주의는 기존의 모든 가치와 신념, 관습, 형식들을 모두 다 해체하라고 주장한다. 이 세상에 영원히 변하지 않는 절대 진리는 없으며 아무것도 믿을 수 없으므로, 기존의 모든 생각과 가치를 다 해체시켜서 각자 원하는 대로 살도록 해야 한다는 것이다.

무엇이든지 자기 소견에 옳은 대로 행하라고 말하는 포스트모더니즘은 절대적인 것을 모두 거부하고 모든 것을 자신이 생각하고 싶은 대로 최대한 자유롭게 살라고 하면서 진리를 해체시킨다. 그 결과 오히려 불신과 불안을 증폭시킨다.

해체주의의 모습이 우리 삶에 어떻게 스며들어 있는지 몇 가지만 살펴보자.

① 예술
예술을 살펴보면 아름다움을 파괴하는 작품들이 많이 등장한다. 예술가의 창작은 자유이므로 창작 자체는 자유지만, 해체주의는 기존의 예술 패러다임은 억압적 패러다임이라고 하면서 기존의 것을 해체시켜 미(美)를 바라보도록 한다. 그래서 더러운 변기 같은 것을 예술작품으로 표현하고 전시하면서 예술의 개념을 해방시켰다고 주장하기도 한다. 해체주의에서 나온 작품들은 한결같이 아름다운 것과는 거리가 멀고, 난해하고 파괴적인 것이다.

② 문학
문학에서는 글을 쓴 작가의 의도가 중요한 것이 아니고, 그 책을 읽는 독자의 해석이 더 중요하다고 말한다. 이때 독자가 책의 내용과 다르게 자기 마음대로 해석해도 된다고 한다. 예를 들어, 춘향전은 청춘 남녀의 사랑 이야기를 기록한 소설이다. 그런데 춘향전을 변학도로 대표되는 국가권력에 항거하는 가녀린 민초 춘향이의 이야기로 재해석한다. 그러면 춘향전은 멜로소설이 아니라 저항소설로 둔갑하게 되는 것이다. 임의대로 소설의 내용을 해체하는 것이다.

③ 성경
성경도 자기 마음대로 해석하는 악을 행한다. 예를 들면 성경에 나오는 다

윗과 요나단의 우정을 동성애자로 해석하고 이런 해석을 잘못되었다고 말하면 틀에 박힌 생각이라고 비난한다. 이것이 포스트모더니즘 세계관이다.

포스트모더니즘은 절대 진리를 인정하지 않는다. 그리고 진리가 아닌데도 진리라고 주장하다 보니 앞뒤가 맞지 않을 때가 있다. 무슨 말을 하는 건지 말이 모호하고 의미가 애매하며 궤변을 늘어놓기도 한다. 궤변은 사람을 헷갈리게 만들며 진리가 무엇인지 알기 어렵게 하는 말속임이다. 논리를 뒤틀고 이해하기 어렵고 난해하게 해서 기존의 것이 틀린 것 같은 의구심을 갖게 만든다.

특히 포스트모더니즘은 성 혁명을 부르짖으면서 동성애도 좋고, 양성애도 좋으며, 자기 마음대로 하고 싶은 성생활을 다 인정하라고 한다. 결과적으로 포스트모더니즘은 모든 것을 진리라고 허용함으로써 자기 마음대로 죄지을 권리를 허용하여 도덕적 타락을 부추기고 있다.

세 가지 질문

포스트모더니즘은 세계관에 대한 3가지 질문에 어떻게 답을 하는지 살펴보자.

첫째, 인간은 어떤 존재인가?
　"인간의 정체성을 한 가지로 정해서 말할 수 없다."

포스트모더니즘의 특징은 해체주의다. 이성과 정체성을 해체시킨 포스트모더니즘은 성(性)도 해체시켰다. 그래서 생물학적 성이 아니라 자기가 주장하는 성이 자신의 성 정체성이라고 말한다. 신체적 성별이 남자인 사람이 자신이 여자라고 주장하면 여자로 인정해 주어야 한다고 주장한다.

둘째, 사회 문제의 원인은 무엇인가?
"배타적이고, 비관용적인 태도로 절대 진리를 주장하는 것이 문제다."

절대 진리를 주장하고, 그 진리에 순종해야 한다고 강요하는 종교는 폭력적이다. 그래서 모두가 평화롭게 조화를 이루며 살기 위해서는 절대 진리를 주장하는 세력을 해체하고, 그들로부터 해방되어야 한다고 주장한다.

셋째, 어떻게 해결할 것인가?
"대화를 통해 정치적 올바름을 찾아가야 한다."

절대 진리가 존재하지 않으니 서로 대화를 통해서 가장 실용적이고, 최적화된 합의점을 찾아가야 한다고 주장한다. 서로 합의할 수 있는 정도의 수준에 이르는 진리, 다른 사람과 더불어 사는 데 별로 불편하지 않을 정도의 진리를 찾아내서 서로 참아주고 서로 기분 상하지 않는 선에서 적당히 살아가자고 하는 것, 이것을 '정치적 올바름'이라고 한다. 기독교에서 성경의 절대 진리를 주장하면 차별이라고 공격한다.

포스트모더니즘과 기독교는 어떻게 다른가?

포스트모더니즘은 하나님을 믿지만, 성경 말씀이 절대적 진리라고 생각하지 않는다. 이들은 자기가 믿고 싶은 말씀만 믿고, 듣고 싶은 말씀만 듣는다. 듣기 싫은 말씀, 순종하기 싫은 말씀은 외면해버린다. 예를 들면 위로하는 말씀, 축복의 말씀은 좋아하지만 부담을 주는 십일조의 말씀, 죄를 책망하고 회개하라는 말씀은 싫어하고 외면한다. 내 기분에 따라 말씀을 선택한다. 이것은 자기중심적으로 말씀을 듣고 적용하는 것이다. 이스라엘 백성들이 하나님을 믿지 않아서 심판받은 것이 아니라, 자기 마음대로 이것저것다 믿는 혼합주의 종교 때문에 심판을 받았다. 하나님께 제사를 드리면서, 동시에 우상에게도 제사를 드리는 것은 내가 하고 싶은 대로 하는 것이다.

현대인의 혼합종교는 무엇일까? 하나님을 섬기면서 돈을 하나님보다 더 좋아하고, 하나님을 섬기면서 쾌락을 위해 돈과 시간을 바치고, 하나님을 섬기면서 권력과 성공에 전념하는 것, 이것이 혼합된 신앙이다. 내 삶에서 하나님이 절대적인 분이 아니며, 하나님보다 자기가 선호하는 것에 더 많은 관심이 있으며, 하나님이 말씀하셔도 바꾸지 않으며, 내가 하나님보다 더 높아지려 하는 것이 잘못된 신앙인 것이다.

> 창 1:27
> 하나님이 자기 형상 곧 하나님의 형상대로 사람을 창조하시되 남자와 여
> 자를 창조하시고

성경은 하나님께서 사람을 남자와 여자로 각각 다르게 만드셨다고 말씀한다. 남자가 여자가 되는 그런 것은 없다. 포스트모더니즘은 '정치적 올바름'을 찾아야 한다고 하는데 그 대표적인 예가 '혐오와 차별 금지'다. 이것은 모든 소수자에 대한 혐오와 차별을 금지하자는 것인데, 역으로 성소수자 운동에 반대하는 사람들을 법적으로 처벌하는 역차별의 모순을 가지고 있다. 즉 자신들과 다른 세계관을 부정하고 오직 자신들의 세계관만 옳다고 주장하는 모순을 가지고 있으면서도 자신들의 생각이 옳다고 주장한다.

삿 21:25

그 때에 이스라엘에 왕이 없으므로 사람이 각기 자기의 소견에 옳은 대로
행하였더라

이스라엘 백성의 왕은 하나님이다. 그런데 왕이 없다고 하는 것은, 하나님
을 왕으로 인정하지 않았다는 뜻이다. 사사시대 사람들은 왕인 하나님을 버
리고 각자 자기 생각에 옳은 대로 살았다. 그런데 이런 일이 지금 현대사회
에 더 심각하게 일어나고 있는 것이다.

사사시대에 각기 자기 소견에 옳은 대로 살 때 고난이 왔으며, 고난 중에
하나님을 의지하면 하나님께서 사사를 보내주셔서 고난에서 건져주셨다. 지
금 시대에도 자기 소견에 옳은 대로 살면서 "내 마음대로 살겠다. 나를 존
중해라." 이러면 하나님이 고난을 허락하신다. 이때 고난을 통해 자기가 주
인이 되려는 교만을 회개하면 하나님께서 고난에서 건져주신다.

그러나 포스트모더니즘 세계관은 계속해서 '이것도 좋고, 저것도 좋다. 내가
원하는 것은 모든 것이 다 진리'라고 말한다. 하지만 성경은 두 주인을 섬
길 수 없다고 분명히 말씀한다.

마 6:24

한 사람이 두 주인을 섬기지 못할 것이니 혹 이를 미워하고 저를 사랑하
거나 혹 이를 중히 여기고 저를 경히 여김이라 너희가 하나님과 재물을
겸하여 섬기지 못하느니라

하나님과 돈을 동시에 섬길 수 없다. 하나님의 말씀과 내 욕망을 동시에 섬
길 수 없다. 우리가 죄인이기 때문에 욕심을 버리는 것이 힘들지만 그렇다
고 욕심을 정당화하면 안 된다. 욕심은 계속해서 회개하고 돌이키며 절대불
변의 진리이신 하나님의 말씀에 순종하며 살 때 형통한 인생을 살 수 있다.

요약

1. 포스트모더니즘은 기존의 모든 패러다임을 깨고 상대주의와 해체주의적 관점으로, 영원불변하는 절대적 진리란 없고 모든 진리는 상대적이라고 말한다. 포스트모더니즘은 절대적인 것을 모두 거부하고 모든 것을 자신이 생각하고 싶은 대로 최대한 자유롭게 살라고 하면서 불신과 불안을 낳게 하였다.

2. 포스트모더니즘은 3가지 질문에 대해 다음과 같이 말하고 있다.
   첫째, 인간의 정체성을 한 가지로 정해서 말할 수 없다.
   둘째, 문제의 원인은 배타적이고, 비관용적인 태도로 절대 진리를 주장하는 것이다.
   셋째, 대화를 통해 정치적 올바름을 찾아감으로 해결하자(서로 합의할 수 있는 정도의 수준, 다른 사람과 별로 불편하지 않을 정도의 진리를 찾아내서 서로 참아주고 서로 기분 상하지 않는 선에서 적당히 살아가자고 하는 것을 '정치적 올바름'이라고 한다).

3. 포스트모더니즘은 자기가 믿고 싶은 말씀만 믿고, 듣고 싶은 말씀만 듣는다. 그러나 성경은 하나님과 돈을 동시에 섬길 수 없고 하나님의 말씀과 내 욕망을 동시에 섬길 수 없다고 말한다. 죄인이기 때문에 욕심을 버리는 것이 힘들어도 욕심을 회개하고 돌이키며, 절대불변의 진리이신 하나님의 말씀에 순종하며 살 때 형통한 인생을 살 수 있다.

기독교 유신론에 대한 반발로 등장한 이신론은 하나님이 세상을 만드셨지만 그 후에는 내버려 두셨기에 하나님은 무책임한 분이며, 자신이 만든 인간을 돕지 않는 나쁜 하나님이라고 생각하는 사상이다. 이신론에서 발전한 무신론은 하나님이 아예 없다고 보는 사상으로 '신은 없으며 모든 우주만물은 우연히 만들어진 것'이라는 가치관으로 진화론과 결합하면서 세속적 인본주의를 낳았다.

세속적 인본주의는 세상의 모든 문제는 잘못된 사회로부터 기인한 것이고, 인간은 아무 책임이 없다고 하며, 인간을 심판할 신은 없고 인간은 죽으면 끝이라고 하면서 자신이 하고 싶은 대로 마음껏 살라고 말한다.

대표적인 세속주의 세계관으로는 이슬람, 세속적 인본주의, 마르크스주의, 뉴에이지, 포스트모더니즘이 있는데 이것들은 하나님을 대적하는 세계관이다.

이슬람 세계관은 전능하시고 우리를 사랑하시는 하나님을 인간의 복종을 요구하는 파괴의 신 알라로 바꾸었다. 세속적 인본주의는 하나님이 없어야 인간이 주체적으로 잘 살 수 있다고 주장한다. 마르크스주의는 하나님을 없애기 위한 방법으로 교회를 없애려 하며 인간을 투쟁의 존재로 전락시켜서 피해의식과 분노를 가지고 싸우게 만든다. 뉴에이지는 하나님을 여러 잡다한 우상숭배와 섞어서 인간이 현혹되기 쉬운 신비주의를 추구하며 모든 것이 신이라고 주장한다. 포스트모더니즘은 절대 진리를 주장하며 순종을 요구하는 하나님은 인간의 자유를 억압하는 하나님이라고 비하하면서 하나님이 만드신 모든 인간의 질서를 해체하고 파괴하도록 유혹한다.

이처럼 세상 나라의 세계관은 하나님 나라의 세계관과 정면으로 충돌한다. 세상의 모든 악한 세계관은 진리이신 예수님께 맞서고 있다. 그러므로 하나님을 믿는 우리는 하나님을 대적하는 영적 세력과 영적 전쟁을 해야 한다.

3부 기독교 학문과 세속주의 학문 비교

1. 윤리학

세속적 인본주의와 윤리

윤리란 인간이 사회를 구성하고 다른 사람들과 더불어 살아가는데 지켜야
할 인간관계의 도리다. 인간관계에서 무엇이 옳고 그른지 알아야 관계를 잘
유지할 수 있는데 하나님을 부정하는 무신론적 세계관은 절대 진리를 부정
한다. 그래서 윤리에 있어서도 절대적인 선이 없고 모두 상대적이라고 주장
한다.

세속적 인본주의자인 호컷은 이렇게 주장했다.
"신 없이는 절대적 도덕률이 존재할 수 없다. 그런데 신은 존재하지 않으므
로 절대적 도덕률도 존재하지 않는다. 신이 없으니 절대 도덕이 없으므로

각자 하고 싶은 대로 하고 살자!"

이것이 세속적 인본주의자의 윤리관이다. 개인은 문제가 없으니 각자 자기 마음대로 살면 되고, 모든 문제는 사회에 있고 사회에 대한 개인의 책임은 없다고 주장한다. 세속적 인본주의는 진화론을 기반으로 하고 있어서 적자 생존의 원리에 따라 '강한 사람이 살아남고 힘 있는 자가 살아남는다.'는 원리를 내세운다. 윤리에 있어서도, 힘 있는 자의 말이 선이 되고, 싸워 이기는 자의 주장이 선이 되는 결과를 낳는다. 인본주의 세계관의 윤리는 인간의 자유를 최대한 허용하며 인권을 중요시하는 것 같지만, 사실은 힘 있는 자가 옳다고 하면서 힘 없는 자의 인권은 무시한다.

마르크스주의와 윤리

마르크스주의에서는 프롤레타리아(노동자)가 선이고, 부르주아(자본가)가 악이다. 기득권을 가진 부르주아의 윤리나 도덕 같은 것은 지킬 필요가 없고 다 깨뜨려야 한다고 주장한다. 그리고 다수인 노동자의 주장이 진정한 도덕이며 선이라고 말한다. 노동자의 선을 위해 자본가의 악을 무너뜨리기 위해서는 총살, 투옥, 강제노동 등 어떤 방법도 용인한다.

그래서 실제로 1917-1964년 사이에 공산주의자들이 8천 3백만 명의 백성들을 죽였다. 이들은 공산혁명을 위해서 아무런 양심의 가책 없이 거짓말을 한다. 그래서 혁명을 위해 필요하면 자기편으로 삼았다가, 혁명이 끝나면 가차 없이 버리는 것이다.

실제로 러시아에서 공산혁명이 일어났을 때 노동자의 수가 부족해서, 농민들을 유혹하여 땅을 나눠주겠다고 약속하고 함께 혁명을 일으켰다. 그러나 혁명이 끝난 후, 농민들을 반동적이라고 하면서 가차 없이 죽여 버렸다.

그렇다면 그들은 노동자들의 이익을 보장해주는가? 그렇지 않다. 노동자들에게 공평하게 부를 나눠주기 위해 공산당이 필요하다고 하면서 결국은 공산당만의 이익을 추구했다. 그래서 공산혁명이 성공한 후에는 공산당이 특권층이 되고, 노동자들은 이전보다 더 힘들게 살아가게 되었다. 이처럼 마르크스주의 윤리는 너무나 비열하고 앞뒤가 안 맞는다.

뉴에이지, 포스트모더니즘과 윤리

뉴에이지는 개개인이 신이므로 선악의 기준도 개인에게 있다고 말한다. 그래서 사람들이 동성애, 이성애, 양성애, 일부일처, 일부다처, 일처다부 등 어떤 것을 선택하든 다 괜찮다고 말한다. 뉴에이지의 사상과 포스트모더니즘이 비슷한 점이 많은데, 뉴에이지 사상은 개인이 선악의 기준이라고 말하며, 포스트모더니즘은 선악의 기준을 개인이 자기 마음대로 만들 수 있지만 집단이 결정하면 그것이 진리라고 주장한다. 집단의 결정이 수시로 바뀌면 현재의 진리가 미래에는 비진리가 될 수 있는 문제점이 발생할 수 있다.

또한 집단에서는 합의 과정에서 여러 사람들이 주장하는 쪽으로 흘러가게 마련인데 이때 대체적으로 나쁜 방향으로 결정되는 문제점이 있다. 그 예로, 미국 TV 프로그램 중 남녀 각 20명이 무인도에 들어가서 살아남기 경쟁을 하는 서바이벌 프로그램이 있었다. 1주 지날 때마다 '이 사람은 같이 있으면 안 되겠다.'고 생각하는 사람을 투표로 한 명씩 탈락시키고 마지막까지 남는 사람에게 큰 상금을 주기로 하였다. 그런데 40명 중에서 고기도 잘 잡고, 집도 잘 짓고, 불도 잘 피우는 생존 능력이 탁월한 사람이 중도 탈락을 하였다. 그 사람은 다른 사람들에게 '우리가 잘 살기 위해서는 이렇게 해야 한다.'고 제안하였는데, 그 요구가 너무 힘들고 피곤하다고 생각한 사람들은 그 사람을 탈락시킨 것이다.

이것을 통해 집단이 합의한 내용이 결코 바람직한 방향으로 가는 것만이 아님을 알 수 있다. 사람들은 자신에게 정말로 필요한 것을 선택하는 것이 아니라, 지금 나를 편안하게 해주는 것을 선택하려는 경향성이 있다. 그러므로 집단에서 합의한 것이 진리며 선이라는 포스트모더니즘의 주장은 잘못된 윤리관이다.

'내 인생이니까 내 마음대로 살면 된다.'는 포스트모더니즘 사상은 사람들을 자유롭고 행복하게 하는 것이 아니라 그 사상 그대로 아무렇게나 살아가도록 부추기고 있다. 성 생활에서 완전한 자유를 누리며 살겠다는 사람들 중에는 마약에 찌들어 살거나 허무주의에 시달리다가 자살하는 사람이 더 많다. 그러므로 포스트모더니즘의 주장은 사람들을 자유롭게 하기보다 타락으로 이끄는 경향이 많다는 점에서 문제가 있음을 알 수 있다.

기독교 세계관과 윤리

기독교 세계관에서 말하는 윤리는 무엇일까? 성경은 부자나 가난한 자, 또는 지식인이나 비지식인이든 상관없이 모든 사람이 죄와 악을 범하였다고 말씀한다. 하나님이 없다고 하면서 자기가 세상의 주인이 되려고 하는 사람은 패망의 길로 달려가는 것이라고 말씀한다.

> 시 14:1
> 어리석은 자는 그의 마음에 이르기를 하나님이 없다 하는도다 그들은 부패하고 그 행실이 가증하니 선을 행하는 자가 없도다

세속적 인본주의는 개인은 문제가 없고 사회에 문제가 있다고 하면서 개인의 책임을 간과하려고 한다. 그런데 자신의 책임은 인정하지 않고 사회와

제도를 탓하게 되면 미숙한 인간이 될 수밖에 없다. 기독교 세계관의 윤리는 개인이 변화해야 사회도 변화될 수 있다고 말한다. 그리고 절대자이신 하나님의 말씀에 따라 살아야 하고, 약자를 돕는 것이 선이라고 말한다.

신 10:13
내가 오늘 네 행복을 위하여 네게 명하는 여호와의 명령과 규례를 지킬 것이 아니냐

하나님께서 명령하신 것은 인간 전체의 행복을 위한 것이다. 하나님의 명령의 핵심은 '하나님을 경외하며 하나님을 섬기고, 모든 사람은 하나님의 사랑을 입은 존귀한 존재이므로 서로 사랑하고 존중하라.'는 것이다. 성경에서는 하나님의 형상으로 창조된 존귀한 인간을 해치는 폭력이나 거짓말은 어떤 경우에라도 정당화될 수 없다고 말씀하며 인간관계에 필요한 것으로 십계명 중에서 5계명부터 10계명까지를 명령하셨다.

5계명: 네 부모를 공경하라.
6계명: 살인하지 말라.
7계명: 간음하지 말라.
8계명: 도적질하지 말라.
9계명: 거짓증거하지 말라.
10계명: 이웃의 것을 탐내지 말라.

십계명은 어느 시대, 어느 문화를 막론하고 인간의 삶을 평화롭고 행복하게 만드는 삶의 기준이며 윤리의 핵심이다. 전적으로 타락한 인간이 하고 싶은 대로 살면 이 세상의 윤리는 무너진다. 내 마음대로 살면 가정이 파괴되고, 사회질서가 무너지고, 결국 개인의 자유도 보장받을 수 없게 된다. 그래서

하나님께서는 인간에게 자신이 원하는 대로 살지 말고 하나님의 말씀에 순종하며 살라고 하시는 것이다.

시 19:7-8

7. 여호와의 율법은 완전하여 영혼을 소성시키며 여호와의 증거는 확실하여 우둔한 자를 지혜롭게 하며

8. 여호와의 교훈은 정직하여 마음을 기쁘게 하고 여호와의 계명은 순결하여 눈을 밝게 하시도다

하나님의 율법은 영혼을 살리는 생명의 말씀이다. 말씀대로 살면 죽은 영혼이 살아나고, 소망이 없는 인생이 생명력으로 가득한 활기찬 인생이 된다. 말씀대로 살아갈 때 자기 욕망에 눈이 가려져 어리석은 길을 가던 사람도 하나님의 지혜로 형통한 길을 선택하게 된다. 하나님께서 이 세상을 다스리심을 믿고 하나님의 말씀대로 살아가는 것이 기독교 세계관에서 말하는 윤리적인 삶이다.

요약

1. 윤리란 인간이 사회를 구성하고 다른 사람들과 더불어 살아가는데 지켜야 할 인간관계의 도리다. 하나님을 부정하는 무신론적 세계관은 윤리도 절대적인 선이 없고 모두 상대적이라고 주장한다. 개인은 문제와 책임이 없고 모든 문제와 책임은 사회에 있다고 주장한다. 세속적 인본주의는 '강한 자가 살아남는다'는 적자생존원리에 따라 윤리에서도 힘 있는 자가 옳고, 힘없는 자의 의견은 무시되는 결과를 낳는다.

2. 마르크스주의는 부르주아의 윤리나 도덕은 지킬 필요가 없고, 노동자의 주장이 도덕이며 선이라고 말하면서도 노동자들의 이익을 보장해주지 않고 공산당만의 이익을 추구한다. 뉴에이지는 개개인이 신이므로 선악의 기준도 개인에게 있다고 말한다. 그래서 동성애, 이성애, 양성애, 일부일처, 일부다처, 일처다부 등 어떤 것을 선택하든 다 괜찮다고 말한다. 포스트모더니즘은 선악의 기준을 개인이 자기 마음대로 만들 수 있지만 집단이 결정하면 그것이 진리라고 주장하는데, 집단의 결정이 바뀌면 진리도 비진리가 되는 문제가 발생한다.

3. 기독교 세계관의 윤리는 하나님이 절대 선이고, 하나님의 말씀에 따라 살며, 약자를 돕는 것이 선이라고 말한다. 전적으로 타락한 인간이 마음대로 살면 가정과 사회질서가 무너지고, 개인의 자유도 보장받을 수 없게 된다. 그래서 하나님께서는 인간에게 자신이 원하는 대로 살지 말고 하나님의 말씀에 순종하며 살라고 하신다. 이것이 기독교 세계관에서 말하는 윤리적인 삶이다.

2. 심리학

세속적 인본주의와 심리학

세속적 인본주의 또는 인본주의는 하나님을 거부하고 인간이 하나님의 자리에 오르려고 하는 세계관이다. 유명한 심리학자인 프로이트, 스키너, 파블로프, 마슬로우, 프롬, 라깡 같은 현대 심리학자들은 모두 하나님을 부정하는 세속적 인본주의 심리학자들이다. 인본주의상담의 창시자인 아브라함 마슬로우는 인간이 자신의 욕구를 마음껏 표출하고 실현할 때 자유롭고 행복해진다고 주장했다. 인본주의 심리학에서 추구하는 목표가 자기만족적이며 자기실현적인 인간이 되도록 하는 것인데 이것은 하나님 없이 살아갈 수 있도록 유도하는 결과를 낳았다.

세상의 모든 일반 학문은 하나님이 만드신 세상을 이해하는 도구다. 의학이 인간의 육체를 이해하고 육체를 치료하는 도구로 사용되는 것처럼, 심리학은 인간의 마음과 행동을 이해하고 마음과 행동을 치료하는 도구로 사용될 수 있다. 심리학이 인간 이해에 도움이 되는 것이 사실이지만 오직 하나님의 뜻 안에서 도움을 받아야 한다.

세속적 인본주의는 심리학을 통해 인간이 스스로 자기를 충족시킬 수 있는 존재라고 하면서 인간이 신이 되도록 하고 있다. 심리학이 인간의 문제를 가지고 하나님 앞에 나아가도록 이끌고 말씀과 기도의 도움을 받고 하나님과의 관계를 회복하도록 돕는다면 이런 심리학은 인간을 유익하게 하는 학문이 될 수 있다. 이것이 바로 기독교 심리학이 추구하는 바이다. 하지만 하나님이 없어도 된다는 인본주의적 입장에서 심리학이 사용되면 하나님을 대적하는 악한 도구가 될 수 있다.

마르크스주의와 심리학

마르크스주의는 계급 갈등이 없는 평등사회인 유토피아를 만들기 위해서 공산주의 이념에 따르도록 하는 인간을 만들려고 한다. 능력에 따라 열심히 일하고 필요한 것만 가져가야 하는데 인간이 아직 진화가 덜 되어서, 자기 욕망을 제어하지 못하는 것이 문제라는 것이다. 그래서 열심히 일하지도 않으면서 필요보다 더 가져가려고 하는 인간의 본능을 억제하고 공산주의 이념에 복종하도록 해야 한다고 주장한다.

행동주의는 동물이나 인간에게 환경을 통해 어떤 자극을 주어 원하는 반응을 얻으려 하는 학문이다. 아이가 엄마 말을 잘 들을 때 상을 주고, 말을 안 들을 때 벌을 주면, 아이는 점점 엄마 말을 잘 듣게 된다는 것이 행동주의 학습이론의 한 예다. 마르크스주의는 행동주의를 활용하여 인간을 자극에 반응하는 동물과 같은 존재로 보고 인간 개조에 활용하고 있다. 그렇기 때문에 세상 나라의 심리학 중에 가장 무섭고 심각한 가치관을 가지고 있다.

실제로 마르크스주의에서는 주로 벌을 통해 인간을 개조하려고 한다. 말 안 듣는 사람들을 강제 노동수용소에 집어넣어 밥도 잘 안주고, 힘들게 일만 시키며 고통을 주면 욕망을 버리고 공산주의자가 될 거라고 믿었지만 모두 실패했다. 인간의 본성은 고통을 준다고 없어지는 것이 아님을 이들은 몰랐던 것이다.

1971년, 아카데미 최우수 작품상 후보에 올랐던 '시계태엽 오렌지'라는 영화는 이런 사례를 생생히 보여주었다. 영화는 교도소에 갇힌 폭력적인 범죄자의 행동을 변화시키는 실험을 하는 것으로 시작된다. 그 실험 내용은 범죄자가 폭력을 보거나 자기가 다른 사람을 해치는 생각만 해도 구토를 하게 만드는 것이다. 이렇게 고통을 주는 실험을 계속 반복하면 폭력을 버리고 얌전한 사람이 될 것이라는 전제 하에 실험을 하는 것이다. 영화에 등장하는 신부는 이 실험에 대해 매우 비판적으로 말한다.

"육체적 고통에 대한 두려움이 그를 잠시 얌전하게 만들었을 뿐이오. 그는 이제 범죄자가 아닐지는 모르지만, 도덕적 선택이 가능한 인간도 아니오."
그러자 감옥 소장이 다음과 같이 대답하였다.
"우리는 그저 범죄를 줄이는 것에만 관심이 있을 뿐입니다."
기계처럼 영혼 없이 순종하도록 만드는 행동주의 심리학을 접목한 마르크스주의 심리학은 인간에게 선택할 수 있는 자유의지를 빼앗고 인간을 로봇처럼 만들려고 한다.

기독교 세계관과 심리학

성경적 가치관은 창조, 타락, 그리고 구속과 회복의 관점이다. 하나님께서는 이 세상을 창조하셨다. 그런데 인간이 타락하자 이 세상의 모든 것이 타락하였으며 학문도 타락하였다. 그래서 인간이 예수 그리스도를 통해 구원을 받아야 하는 것처럼 학문도 기독교적 관점에서 잘못된 것이 있다면 재해석되어야 한다.

일반적으로 사람들은 환경의 영향을 받는다. 그래서 환경이 어려워지면 좌절하거나 회피하며 살지만 하나님을 의지하는 신앙인들은 환경이 어려워도 말씀을 붙잡고 하나님께 기도함으로 힘든 상황 중에도 기쁘게 살아갈 수 있다. 이처럼 기독교 세계관은 성령의 내주하심과 충만한 은혜를 입으면 환경에 지배를 받는 것이 아니라 믿음에 따라 새로운 선택을 할 수 있는 존재로 본다.

세속적 인본주의 심리학은 인간을 이기적이고 자기중심적으로 만들 뿐 아니라, 스스로 신이 되라고 유혹하고 있다. 또한 마르크스주의는 공산주의에 복종하는 인간으로 개조하기 위해 심리학을 사용하여 인간을 기계적인 존재로 전락시켰다. 그러나 예수 안에서 거듭난 영혼은 완전히 새로운 삶을 살아갈 수 있다.

> 고후 5:17
> 그런즉 누구든지 그리스도 안에 있으면 새로운 피조물이라 이전 것은 지나갔으니 보라 새 것이 되었도다

인간이 예수님을 만나 거듭나면 환경의 지배를 받지 않고 믿음과 소망과 사랑을 선택할 수 있기 때문에 인간의 온전한 변화를 이끌어내는 것은 기독교 세계관으로 정립된 기독교 심리학만이 할 수 있다. 어려운 환경 가운데서도 하나님이 함께 하시고 도와주실 것을 믿는 자는 실제로 하나님이 그를 구원

해주시는 놀라운 경험을 하게 될 것이다.

시 34:18
여호와는 마음이 상한 자를 가까이 하시고 충심으로 통회하는 자를 구원
하시는도다

하나님은 우리의 상한 마음을 외면하지 않으시고 상처받은 영혼을 품어주시고, 그 마음을 어루만지시며 넘치는 사랑과 은혜로 채워주는 분이시다. 때로 죄책감으로 괴로울 때도 우리의 죄를 용서하시는 하나님의 사랑 앞에 나아가면 구원의 은혜를 입어 자유함을 얻게 된다. 중심으로 통회하는 자, 자신의 죄에 대해 마음 아파하며 진실하게 하나님 앞에 무릎 꿇는 영혼을 하나님께서는 구원해주신다. 이처럼 기독교 심리학은 인간에게 치유와 회복을 가져다준다.

요약

1. 세속적 인본주의는 하나님을 거부하고 인간이 하나님의 자리에 오르려고 하는 세계관이다. 세속적 인본주의 심리학은 인간이 자신의 욕구를 마음껏 표출하고 실현할 때 자유롭고 행복해진다고 말한다. 세속적 인본주의 심리학에서 추구하는 목표는 자기만족적이며 자기실현적인 인간이 되도록 하는 것인데 이것은 인간이 스스로 신이 되도록 만들고 하나님 없이 살아갈 수 있도록 유도하는 결과를 낳는다.

2. 마르크스주의는 계급 갈등이 없는 평등사회인 유토피아를 만드는 것이 목적인데 인간이 인간의 본능을 억제하고 공산주의 이념에 복종하는 사람을 만들기 위해 행동주의 심리학을 인간 개조에 활용하고 있다. 그러나 모두 실패했다.

3. 성경적 가치관은 창조, 타락, 그리고 구속과 회복의 관점이다. 하나님께서는 이 세상을 창조하셨지만 인간이 타락하고 세상의 모든 것이 타락하였으므로 인간 뿐 아니라 학문도 기독교적 관점에서 잘못된 것이 있다면 재해석되어야 한다고 말한다.
인간이 예수님을 만나 거듭나면 어려운 환경에도 지배받지 않고 믿음, 소망, 사랑을 선택할 수 있기 때문에 인간의 온전한 변화를 이끌어내는 것은 기독교 세계관으로 정립된 기독교 심리학만이 할 수 있다. 하나님은 우리의 상한 마음을 외면하지 않으시고 상처받은 영혼을 품어주시고, 그 마음을 어루만지시며 넘치는 사랑과 은혜로 채워주시는 분이시다. 기독교 심리학은 인간에게 치유와 회복을 가져다준다.

3. 사회학

세속적 인본주의와 사회학

사회는 사람들이 함께 더불어 살아가는 집단을 말하는데 대부분의 세상 나
라 세계관은 개인은 선하거나 중립적이며 사회가 악하다고 주장한다. 사회
주의 심리학자인 에리히 프롬은 『건전한 사회』라는 책에서 개인의 자유를
억압하는 전통적인 사회 질서를 깨뜨리고 자기가 원하는 대로 마음껏 욕망
을 표출하며 사는 것이 건전한 사회라고 주장하였다.

세속적 인본주의 세계관은 남자와 여자가 만나서 결혼하는 일부일처제도가
인간의 자유를 제한하는 나쁜 제도라고 본다. 그래서 일부일처제의 가정은
폐기되고 새로운 개념으로 교체되어야 한다고 주장한다. 세속적 인본주의,
마르크스주의, 뉴에이지, 포스트모더니즘 모두 다 전통적 사회질서를 인정
하지 않고 개인의 완전한 자유를 추구한다.

조이스 밀턴(Joyce Milton)은 2003년에 『정신병적 사회로 가는 길(The Road to Malpsychia)』이라는 책에서 인본주의자들의 이념대로 사회제도를 부정하고 자기 마음대로 살면 과연 행복할 것인가 연구해보니 실제로 고통 가운데 불행한 삶을 살아간다고 하였다. 인본주의자들의 이념대로 살면 결국 정신병자가 되어 정신병적 사회를 만들게 된다는 것이다.

이처럼 세속적 가치관이 개인과 가정을 파괴시키는데도 이러한 세계관에 바탕을 둔 무신론적 세계관이 교육계를 주도하고 있다. 우리나라도 초, 중, 고등학교의 12년 동안 학생들에게 무신론과 진화론은 진리인 것처럼 가르치고 있다. 그리고 대학교에 가면 모든 질서를 해체해야 한다고 주장하는 포스트모더니즘을 배우게 된다.

이 외에도 페미니스트들은 가정에서 남성이 여성을 지배하며 노예화하는 악한 구조를 바꾸어야 한다고 하면서 여성의 인권을 강력하게 주장하고 있으며, 급진적인 페미니스트들은 전통가정을 파괴하려는 정책을 주장하기도 한다. 세상 나라의 모든 세계관은 전통적 가정을 해체하고 다양한 가족의 형태를 인정해야 한다고 주장한다. 그래서 개방 결혼, 3인 결혼, 집단 결혼, 배우자교환 결혼, 파트타임 결혼, 동성 결혼, 혼전 성관계, 혼외 성관계 등 모든 것을 다 허용해야 한다고 주장한다.

기독교 세계관과 사회학

세속적 가치관의 주장에 대하여 성경은 무엇이라 말씀하고 있을까?

① 결혼과 가정(부부 관계)

딤전 4:1-3
1. …성령이 밝히 말씀하시기를 후일에 어떤 사람들이 믿음에서 떠나 미혹하는 영과 귀신의 가르침을 따르리라 하셨으니
2. 자기 양심이 화인을 맞아서 외식함으로 거짓말하는 자들이라
3. 혼인을 금하고 …

성경은 '결혼하지 말라'고 가르치는 자들은 양심에 화인 맞아서 거짓말하는 자들이라고 말씀하고 있다. 이 말씀이 기록되던 당시 혼인을 금하는 것은 금욕주의를 말하는데 금욕주의가 현대에 와서는 쾌락주의로 바뀌어 결혼이라는 제도에 얽매이지 말고 자유로운 성생활을 즐기라고 주장하고 있다.

하나님께서 주신 가정의 원리는 아내는 남편에게 복종하되 교회가 주님께 복종하듯 남편에게 복종하라고 명령한다. 또 남편은 예수님이 교회를 위해 목숨을 주신 것처럼 아내를 위해 자신을 내어주라고 명령한다.

엡 5:22, 25
22. 아내들이여 자기 남편에게 복종하기를 주께 하듯 하라
25. 남편들아 아내 사랑하기를 그리스도께서 교회를 사랑하시고 그 교회를 위하여 자신을 주심 같이 하라

② 부모와 자녀 관계
성경은 자녀들에게 '주 안에서' 부모에게 순종하라고 말씀한다. '주 안에서' 순종하라는 것은 부모보다 위에 계신 하나님의 말씀 안에서 순종하라는 것이다. 자녀가 부모를 공경하지 못할 때 하나님은 강력하게 경고하셨다. 그

러므로 자녀는 부모에게 순종해야 하며, 그런 자녀에게 축복을 약속하셨다.

엡 6:1
자녀들아 주 안에서 너희 부모에게 순종하라 이것이 옳으니라

엡 6:2-3
2. 네 아버지와 어머니를 공경하라 이것은 약속이 있는 첫 계명이니
3. 이로써 네가 잘되고 땅에서 장수하리라

성경에서는 부모가 자녀를 자기 기분에 따라 대하지 말고(노엽게 하지 말고) 자녀를 양육할 때는 오직 하나님의 말씀대로 양육하라고 하셨다.

엡 6:4
또 아비들아 너희 자녀를 노엽게 하지 말고 오직 주의 교훈과 훈계로 양
육하라

③ **직장**
직장에서는 종(직원)에게 먼저 그리스도에게 순종하듯 상전에게 순종하라고 말씀하시고, 상전(상사)에게는 종에게 위협을 그치라고 명령하면서 종의 인권을 존중하라고 말씀하셨다.

엡 6:5
종들아 두려워하고 떨며 성실한 마음으로 육체의 상전에게 순종하기를 그
리스도께 하듯 하라

엡 6:9

상전들아 너희도 그들에게 이와 같이 하고 위협을 그치라 이는 그들과 너
희의 상전이 하늘에 계시고 그에게는 사람을 외모로 취하는 일이 없는 줄
너희가 앎이라

④ 국가와 권위자

모든 국가 권세는 하나님이 세우신 권세이므로 복종하라고 말씀하셨다.

롬 13:1

각 사람은 위에 있는 권세들에게 복종하라 권세는 하나님으로부터 나지
않음이 없나니 모든 권세는 다 하나님께서 정하신 바라

권력을 가지고 있는 권위자들은 선과 악을 잘 분별하라고 권면하며, 권위자
들이 선을 베풀고 악한 일을 심판하는 역할을 감당해야 할 것에 대해 말씀
하셨다. 그런데 권위자들이 공정하게 심판하지 않고 자기 이익에 따라 심판
하면 이런 악한 권세는 하나님이 반드시 심판하신다.

롬 13:3-4

3. 다스리는 자들은 선한 일에 대하여 두려움이 되지 않고 악한 일에 대
   하여 되나니 …
4. 그는 하나님의 사역자가 되어 네게 선을 베푸는 자니라 그러나 네가
   악을 행하거든 두려워하라 그가 공연히 칼을 가지지 아니하였으니 곧
   하나님의 사역자가 되어 악을 행하는 자에게 진노하심을 따라 보응하
   는 자니라

하나님께서 모든 권위자들을 세우셨으므로 법과 제도를 따르는 것은 하나님

께 순종하는 것이다. 그러나 하나님이 세우신 통치자와 정부가 하나님의 뜻을 거스르는 방향으로 나아갈 때는 잘못한 것에 대해 믿음으로 담대하게 반대 의견을 제시하여 그들의 잘못을 일깨울 수 있다.

누가복음 20장에서 서기관과 대제사장이 예수님을 책잡기 위해서 가이사에게 세금 바치는 것이 옳은지를 묻는 장면이 나온다. 이때 예수님은 "가이사의 것은 가이사에게, 하나님의 것은 하나님께 바치라"고 말씀하셨다. 유대 종교지도자들은 가이사의 것과 하나님의 것을 이분법적으로 나누어 생각했다. 그래서 가이사에게 바치면 하나님을 거역하고, 하나님께 바치면 가이사를 거역한다고 생각했다. 그러나 예수님은 하나님을 섬기는 마음으로 하나님의 명령에 따라 둘 다 순종하라고 말씀하고 있다. 우리의 모든 삶이 다 하나님의 것임을 통합적으로 알려주신 것이다.

우리는 영광스러운 하나님 나라와 세상 나라에 모두 소속되어 있다. 따라서 두 나라에 모두 충성해야 한다. 다만 세상 나라에 대한 충성은 조건적이며, 하늘나라에 대한 충성은 무조건적이며 절대적이다. 세상 나라가 하늘나라를 대적할 때는 하늘나라에 충성하기 위해서 세상 나라에 대항할 수밖에 없는 것이다. 그러나 세상의 방법처럼 해서는 안 된다. 교회가 세상을 바꿀 수 있는 방법은 정치적 방법이 아니라 신앙적인 방법으로 해야 한다. 교회는 정치하는 곳이 아니라, 하나님을 섬기는 곳이다. 정부가 잘못하면 비판해야 하지만, 직접적으로 교회가 반정부 운동을 주도하는 것은 하나님이 기뻐하시는 방법이 아니다.

종교개혁자 깔뱅은 교회는 국가와 통치자의 권위를 인정하고, 그들을 위해 기도할 뿐 아니라 통치 행위에 협력해야 한다고 말했다. 또한 국가와 통치자는 교회를 보호하고 신앙생활을 잘하도록 도와주어야 한다고 강조했다. 그러므로 정부는 교회를 침범하거나 억압하지 말고 오히려 교회를 보호해

주어야 한다. 이것이 정교분리 원칙의 기본사상이다. 정교분리란 국가는 국민의 세속적, 현세적 생활에만 관여할 수 있고, 신앙생활은 자율에 맡겨 개입하지 않는다는 원칙이다. 그런데 교회가 추구하는 방향대로 나아가지 못하도록 국가가 방해할 때는 교회가 신앙과 양심에 따라 말하고 행동할 수 있어야 한다.

구약의 하나님의 사람들은 왕에게 하나님의 말씀으로 직언하였고, 신약의 세례 요한도 헤롯왕에게 직언을 하였다. 세례 요한은 부패하고 타락한 지도자인 헤롯왕이 자기 동생의 아내를 아내로 삼은 것을 책망했다. 세례 요한은 그로 인해 교도소에 갇히고 죽임을 당했다.

> 눅 3:19
> 분봉 왕 헤롯은 그의 동생의 아내 헤로디아의 일과 또 자기가 행한 모든 악한 일로 말미암아 요한에게 책망을 받고

정부나 지도자가 절대적 권위를 가지고 개인의 자유와 권리를 억압하거나 교회와 성도를 억압한다면, 그 힘을 견제할 수 있는 수단도 가지고 있어야 한다. 즉 국가가 신앙생활을 방해한다면 교회는 침묵해서는 안 된다.

> 행 5:29
> 베드로와 사도들이 대답하여 이르되 사람보다 하나님께 순종하는 것이 마땅하니라

⑤ **교회**
마지막으로 교회에 대해서 성경은 예수님의 신부라고 말씀하고 있다.

계 21:2

또 내가 보매 거룩한 성 새 예루살렘이 하나님께로부터 하늘에서 내려오
니 그 준비한 것이 신부가 남편을 위하여 단장한 것 같더라

새 예루살렘은 교회를 의미하며 교회는 예수님의 신부로서 묘사되고 있다.
교회의 신랑 되신 예수님께서는 신부의 기쁨, 생명, 행복, 장래의 영광을 위
해 십자가에 죽으시고 부활하셨다. 부잣집의 신부가 되면 그 신랑의 부와
모든 권한을 누리듯이 그리스도의 신부로서 우리는 하늘나라의 기업과 함께
이 땅에서도 백배의 축복이 보장되어 있다. 그래서 그리스도인은 이 땅에서
마치 신부가 신랑을 위하여 몸단장을 하고, 순결함으로 그 마음을 전부 신
랑에게로 향하듯이 예수님을 온 영과 마음에 모시고 살아야 한다.
하지만 세상 나라는 어떻게든 그리스도의 신부인 우리의 신분을 빼앗으려고
온갖 속임수로 유혹하면서 교회를 무너뜨리려고 한다. 지상교회는 가끔 망
하기도 하고 문을 닫기도 하지만 영적인 교회, 하나님의 나라는 절대 망하
지 않는다.

이 세상에서는 인간의 힘으로 건강한 사회를 만들 수 없다. 인간이 구성하
고 살아가는 사회가 아름답게 되기 위해서는 하나님의 말씀 안에 그 대안이
있다. 절대 권력은 사라져도 하나님의 교회는 영원히 사라질 수 없다. 예수
의 피로 값 주고 사신 교회는 무너지지 않는다.

요약

1. 사회는 사람들이 함께 더불어 살아가는 집단이다. 세속적 인본주의, 마르크스주의, 뉴에이지, 포스트모더니즘은 모두 전통적 사회질서를 인정하지 않고 개인의 완전한 자유를 추구한다. 또한 개인과 가정을 파괴시키는 가치관을 가지고 무신론적 세계관으로 교육계를 주도하고 있다. 개방 결혼, 집단 결혼, 배우자교환 결혼, 동성 결혼, 혼전 성관계, 혼외 성관계 등 모든 것을 다 허용해야 한다고 주장한다.

2. 성경은 **부부 관계**에서 아내는 남편에게 복종하되 교회가 주님께 복종하듯 남편에게 복종하고, 남편은 예수님이 교회를 위해 목숨을 주신 것처럼 아내를 위해 자신을 내어주라고 명령한다. **부모와 자녀 관계**에서 자녀들은 주 안에서 부모에게 순종하고, 부모는 자녀를 자기 기분에 따라 대하지 말고(노엽게 하지 말고) 하나님의 말씀대로 양육하라고 하셨다. **직장**에서는 종(직원)은 먼저 그리스도에게 순종하듯 상전에게 순종하며, 상전(상사)은 종을 위협하지 말고 인권을 존중하라고 말씀하셨다.

3. 모든 **국가 권세**는 하나님이 세우신 권세이므로 복종할 것과 권력을 가지고 있는 권위자들은 선과 악을 잘 분별하여 선과 악을 심판하는 역할을 잘 감당하라고 권면하였다. 그리고 하나님이 세우신 권위가 하나님의 뜻을 거스르는 방향으로 나아갈 때는 믿음으로 담대하게 말하여 그들의 잘못을 일깨우라고 말씀하신다. 마지막으로 **교회**는 예수님의 신부이므로 그리스도인은 이 땅에서 순결한 몸과 마음으로 예수님을 온 영과 마음에 모시고 살아야 한다.

4. 경제학

세상 나라 세계관과 경제학

세계의 경제 시스템은 크게 자본주의, 사회주의, 공산주의로 나눌 수 있다. 자본주의는 개인이 사유재산을 소유하고 자유롭게 경영하며 개인이 책임지는 체제다. 사회주의와 공산주의는 사유 재산을 없애고 재물의 집단 소유를 지향한다는 점에서 거의 비슷하다. 그러나 사회주의에서는 생산과 분배의 소유권이나 경영을 정부가 통제하지만, 공산주의는 생산과 분배를 국가가 아닌 공산당이 소유하며 지배한다는 점에서 다르다.

현재 공산주의는 다 몰락했다. 그 이유는 인간의 죄성을 고려하지 못했기 때문이다. 또한 능력보다 적게 일하고 필요보다 많이 가져가기 때문에 분배할 것이 모자라기 때문이다. 현재 잘 살고 있는 대부분의 나라들은 개인의 자유를 최대한 보장하고 기업의 세금을 최대한 낮춰서 많은 기업들이 기업 활동을 자유롭게 할 수 있도록 하는 자본주의국가이다.

뉴에이지 세계관은 인간의 본성이 선하기 때문에 내면의 신과 접하면 경제적인 문제는 다 해결된다고 믿는다. 또한 명상을 통해 탐욕과 가난이 해결된다고 주장한다. 포스트모더니즘은 어떤 제도나 틀에 맞추려 하지 말고, 다 해체해서 자기 하고 싶은 대로 살도록 경제적 차별을 없애야 한다고 주장한다. 이들은 기존의 가치관을 해체하기 위해 불평등과 차별에 대해 계속 이슈를 만들고 주장을 해서 점점 사람들의 마음에 그 주장이 잠식되어 모든 사람들에게 보편적인 상식이 되도록 하는 접근을 한다.

예를 들면, 일본이 독도를 일본 땅이라고 주장하면 말도 안 되는 주장이지만 독도를 일본 지도에 다케시마라고 기록해 놓고 계속 주장해나가면 시간이 지난 후 그 주장이 역사적 근거가 되어 독도가 일본 땅이라는 증거가 되는 것이다. 이것이 포스트모더니즘의 전술이다. 이때 말도 안 되는 소리라고 내버려두면 나중에는 거짓말이 진리가 되는 결과를 낳는다. 이런 전략에 맞서려면 포스트모더니즘의 이슈에 침묵하거나 소극적으로 대응하면 안 된다. 그들이 차별금지법이 옳다며 '성소수자'를 보호해야 한다고 계속 주장할 때 '그래, 해주자' 이런 마음을 가지게 되면 결국은 공동체가 파괴되는 결과를 낳게 된다.

기독교 세계관과 경제학

성경이 말하는 경제관은 사회주의보다는 자본주의에 가깝다. 막스 베버는 독일의 법률가, 정치가, 정치학자, 경제학자, 사회학자인데 『프로테스탄트 윤리와 자본주의 정신』에서 근대 자본주의를 이끌어간 개신교들의 직업 소명론에 대해 설명하였는데 이것을 요약하면 다음과 같다.

"개신교들은 자신의 직업을 하나님께서 주신 소명으로 받아들이고 열심히 일하고 합리적이고 정당한 이윤을 추구한다. 그리고 열심히 일해서 얻은 부를 하나님께서 잠시 맡겨주신 것으로 생각하는 청지기 자세를 가지고 산다. 내가 벌었으니 내 돈이라고 생각하거나 흥청망청 쓰지 않고 교회와 영혼들을 섬기는데 사용한다. 또한 근검절약하여 모은 돈을 기업에 투자하고, 기업은 사람들을 고용하여 일하게 하고 월급을 줌으로 이윤을 나눈다. 또 축적된 부를 재투자함으로 계속해서 사회에 이윤을 환원한다."

성경은 사유재산을 인정한다. 십계명의 '도둑질 하지 말라'는 말씀 자체가 사유재산을 인정하고 있다는 증거다. 사도행전에 아나니아와 삽비라의 이야기에서 아나니아가 자신의 재산을 다 팔아서 교회에 헌금하려고 했는데, 이때 일부를 감추고 나머지를 가지고 가서 전부라고 거짓말하며 헌금한다. 그러자 베드로가 아나니아를 책망하며 이렇게 말한다.

> 행 5:4
> 땅이 그대로 있을 때에는 네 땅이 아니며 판 후에도 네 마음대로 할 수가
> 없더냐…

이 말씀은 자기 재산을 자기가 원하는 대로 사용할 수 있는 권한이 있음을 보여주는 것이다. 또 성경은 이 땅에 부자와 가난한 자가 있는 것을 인정하면서 가난한 자를 도와주라고 말씀하고 있다(신 15:11).

성경은 돈 자체를 부정적으로 보지 않고 돈을 사랑하는 것을 경고하였다.

딤전 6:10
돈을 사랑함이 일만 악의 뿌리가 되나니 이것을 탐내는 자들은 미혹을 받아 믿음에서 떠나 많은 근심으로써 자기를 찔렀도다

이 말씀은 돈을 하나님보다 더 사랑하는 것이 문제라는 것이다. 하나님은 우리에게 재물의 축복 주기를 원하신다. 성경의 많은 인물들이 하나님의 축복을 받아 부자로 살았다. 아브라함, 이삭, 야곱 모두 부자였다. 그들이 부자가 된 것은 하나님이 경제의 축복을 허락하셨기 때문이다. 하지만 여기서 기억해야 할 것은 돈은 하나님의 것이라는 청지기 정신으로 살아야 한다는 것이다.

시 24:1
땅과 거기에 충만한 것과 세계와 그 가운데에 사는 자들은 다 여호와의 것이로다

모든 것은 하나님의 것이다. 돈도 하나님의 것이다. 나에게 건강과 능력과 여러 조건들을 허락하셔서 돈을 벌 수 있게 하신 것은 하나님이다. 그러므로 내가 벌었다고 해서 내 마음대로 돈을 사용하는 것이 아니라, 주신 분의 뜻에 따라 돈을 사용해야 하는 것이 부자가 되는 지름길이다. 그래서 성경은 열심히 일할 것을 강조한다.

살후 3:10
우리가 너희와 함께 있을 때에도 너희에게 명하기를 누구든지 일하기 싫어하거든 먹지도 말게 하라 하였더니

인간이 타락함으로 인해 저주를 받아 땀을 흘려 수고하는 고통이 주어졌지

만 노동은 인간이 타락하기 이전에 하나님께서 주신 사명이었다.

창 2:15
여호와 하나님이 그 사람을 이끌어 에덴동산에 두어 그것을 경작하며 지키게 하시고

노동 자체는 선한 것인데, 인간이 타락하여 노동이 힘들어진 것이다.

창 3:17
아담에게 이르시되 … 땅은 너로 말미암아 저주를 받고 너는 네 평생에 수고하여야 그 소산을 먹으리라

거듭난 하나님의 자녀는 노동의 본질을 회복하여 일을 통해 세상을 섬기는 사명을 기쁘게 감당해야 한다. 의미 있게 일을 하면서 능력을 개발하여 세상에 기여할 때 일이 즐거워질 수 있다.

부의 분배에 대한 사회정의에 대해서 사회주의자들은 제한된 자원을 동등하게 나누어야 한다고 주장한다. 공산주의자들은 부자를 악으로, 노동자를 선으로 규정한다. 그러나 성경은 모두가 죄인이며, 모두가 법 앞에서 평등해야 한다고 말씀한다.

레 19:15
너희는 재판할 때에 불의를 행하지 말며 가난한 자의 편을 들지 말며 세력 있는 자라고 두둔하지 말고 공의로 사람을 재판할지며

성경이 말하는 정의는 수입이나 능력의 평등이 아니라, 법 앞에서의 평등을

의미한다. 사람은 능력이 다르고, 관심이 다르고, 가정환경이 다르기에 똑같이 맞출 수 없다. 그러나 동등하게 경쟁할 수 있는 기회를 주는 것은 법으로 보장할 수 있다. 성경에서는 가난한 자를 도울 때에 스스로 재물을 얻을 수 있는 기회를 주라고 하신다. 그래서 이스라엘 백성들이 곡식을 추수할 때 떨어진 이삭을 다 주워가지 말고 가난한 사람들을 위해 남기게 하였다.

레 19:9-10
9. 너희가 너희의 땅에서 곡식을 거둘 때에 너는 밭 모퉁이까지 다 거두지 말고 네 떨어진 이삭도 줍지 말며
10. …가난한 사람과 거류민을 위하여 버려두라…

이것은 가난한 자들에게 그냥 곡식을 나눠주는 것이 아니라, 가난한 사람들이 스스로 이삭을 줍는 노동을 통해서 이삭을 가져가게 하는 것이다. 그렇지 못하면 꾸어주라고 하신다.

신 15:7-8
7. 네 하나님 여호와께서 네게 주신 땅 어느 성읍에서든지 가난한 형제가 너와 함께 거주하거든 그 가난한 형제에게 네 마음을 완악하게 하지 말며 네 손을 움켜쥐지 말고
8. 반드시 네 손을 그에게 펴서 그에게 필요한 대로 쓸 것을 넉넉히 꾸어주라

꾸어줄 때는 받지 않을 각오를 하고 꾸어주어야 한다. 그러나 꾸는 사람은 반드시 갚을 목적으로 꾸어야 한다. 사회주의나 공산주의는 공짜로 주라고 하지만 하나님은 자율적이고 책임지는 존재가 되도록 하기 위해 공짜로 주라고 하지 않으신다(어떤 상황에서는 순수한 구제와 나눔으로 공짜로 주어야

그 사람에게 도움이 될 때도 있다). 우리는 내가 가진 그것이 무엇이든지 다 하나님이 주신 것이므로 하나님의 뜻에 따라 나누어야 한다는 청지기 정신으로 돈을 관리해야 한다.

온 우주만물의 주인이신 하나님은 우리가 가난하고 힘들게 살기를 원하지 않으신다. 하나님은 하나님이 만드신 온 땅을 다스리고 관리할 존재로 인간을 창조하셨다.

> 창 1:28
> 하나님이 그들에게 복을 주시며 하나님이 그들에게 이르시되 생육하고 번성하여 땅에 충만하라, 땅을 정복하라, 바다의 물고기와 하늘의 새와 땅에 움직이는 모든 생물을 다스리라 하시니라

우리는 먹고 살기 위해 돈을 버는 사람이 아니다. 하나님이 창조하신 이 땅을 하나님의 뜻대로 다스리고 관리하는 엄청난 사명을 맡은 사람들이다. 하나님이 주신 사명에 순종할 때, 먹고 사는 문제는 하나님이 다 해결해주신다.

> 마 6:33
> 그런즉 너희는 먼저 그의 나라와 그의 의를 구하라 그리하면 이 모든 것을 너희에게 더하시리라

요약

1. 세계의 경제 시스템은 크게 자본주의, 사회주의, 공산주의로 나눌 수 있다. 현재 공산주의는 인간의 죄성을 고려하지 않고 적게 일하고 많이 가져가려 하기 때문에 몰락하고 있다. 현재 잘 살고 있는 나라들은 대부분 자본주의국가이다. 뉴에이지 세계관과 포스트모더니즘 세계관은 인간의 본성이 선하다고 믿고 자기 하고 싶은 대로 살도록 경제적 차별을 없애야 한다고 주장한다.

2. 성경은 사유재산을 인정하며, 돈 자체를 부정적으로 보지 않고 돈을 하나님보다 더 사랑하는 것을 문제로 본다. 하나님은 우리에게 재물의 축복을 주기를 원하신다. 인간이 타락하여 수고하는 고통이 주어졌지만, 노동은 하나님께서 주신 사명이었다. 거듭난 하나님의 자녀는 노동의 본질을 회복하여 일을 통해 세상을 섬기는 사명을 기쁘게 감당할 수 있다.

3. 부의 분배에 대한 사회정의에 대해서 사회주의자들은 제한된 자원을 동등하게 나누어야 한다고 주장하고, 공산주의자들은 부자를 악으로, 노동자를 선으로 규정한다. 그러나 성경은 모두가 죄인이며, 모두가 법 앞에서 평등해야 한다고 말씀한다. 성경이 말하는 정의는 수입이나 능력의 평등이 아니라, 법 앞에서의 평등과 기회의 평등을 의미한다. 성도는 가진 모든 것이 다 하나님이 주신 것이므로 하나님의 뜻에 따라 나누어야 한다는 청지기 정신으로 돈을 관리해야 한다.

5. 정치학

세상 나라 세계관과 정치학

정치는 사람들 사이의 의견 차이나 이해관계를 둘러싼 다툼을 해결하는 과정과 활동이다. 작게는 가정, 교회, 그리고 직장에서 정치가 필요하며 크게는 국가를 운영할 때 정치가 필요하다. 사람은 누구나 다른 사람과 더불어 살아가야 하기 때문에 정치를 떠나서 살 수 없다. 정치가 잘 이루어지면 백성이 평안하지만 정치가 잘못되면 나라 전체가 위기에 빠지고 망할 수도 있는 것이다.

현대 사회에서 기독교 세계관을 정면으로 대적하는 세계관이 마르크스주의와 포스트모더니즘이다. 마르크스주의는 한 계급이 다른 계급을 착취하는 절정이 국가라고 본다. 그래서 국가가 필요 없고, 전 세계가 공산사회가 되어야 한다고 주장한다. 그러므로 끊임없이 계급 충돌을 일으켜서 노동자가 부자를 완전히 짓밟아야 한다고 주장한다. 그리고 폭력 혁명 이후에도 부자가 다시 일어서지 못하도록 노동자가 독재를 해야 한다고 한다. 이것을 노동자 독재, 프롤레타리아 독재라고 하며 폭력 혁명이라는 목적을 위해서는 어떤 수단도 정당화된다고 말한다.

공산주의자 '신조 제10항'은 이렇게 기록하고 있다.
"어떠한 행위도, 예컨대 살인이나 부모에 대한 밀고라도 공산주의의 목적에 도움이 되면 정당화된다."

레닌은 "공산주의자는 법률 위반, 거짓말, 속임수, 사실 은폐 따위를 예사로 해치우지 않으면 안 된다."라고 주장했다. 그래서 공산당에 대적하는 사람을 반동세력으로 몰아서 제거하는 것은 일상적인 일이 되었다. 공산주의는 노동자가 주인이 되는 세상을 만든다고 선전하지만 결국은 공산당 독재로 만드는 것이 공산당의 목표다.

이것을 고발한 소설이 조지 오웰의 동물농장이다. 동물농장에 있던 동물들 중에 돼지들이 '인간의 지배를 받는 것이 옳지 않다'고 하면서 다른 동물들을 선동한다. 마침내 돼지들이 '나를 따르라'고 하면서 모든 동물과 힘을 합하여 인간을 추방했다. 그런데 그 후에 돼지들은 배터지게 먹고 나머지 동물들은 계속 일만 한다는 것이 이 소설의 내용이다. 이것은 마르크스주의자들이 주장하는 말과 실제 행동이 완전히 다르다는 것을 고발한 것이다.

마르크스주의자는 목적을 위해 수단 방법을 가리지 않는다. 그런데 마르크스주의보다 더 심각한 것은 포스트모더니즘이다. 포스트모더니즘은 마르크스주의가 실패하는 것을 보면서 마르크스주의자들이 새롭게 만든 사상이다.

이들은 모든 전통가치와 질서를 해체하는 것이 목표다. 그래서 빈부, 인종, 성별, 성적지향 때문에 압제당하는 소수자들을 지지하는 전략을 취하면서 전통가치를 파괴한다. 이것을 정체성 정치라고 한다.

정체성 정치란 성별, 젠더, 종교, 장애, 민족, 인종, 성적지향, 문화 등에서 사람들의 동정심을 자극할 수 있는 소수자, 약자들의 정체성을 기반으로 자기들끼리 뭉친다. 하지만 다른 집단에게는 강력하게 배타적인 정치동맹을 추구하는 정치운동이자 사상을 정체성 정치라고 한다. 이들은 약자를 자기 편으로 끌어들이고 대중에게 약자를 돕는 것 같은 좋은 인상을 심어주어 순진한 일반 국민들을 자기편으로 끌어들인다. 그러면서 약자, 소수자의 회복을 위한 모든 행위는 정당하다고 주장한다.

그들은 약자의 권리를 위해서는 불법일지라도 정치적으로 정당하다고 주장한다. 그러면서 약자에게는 약자를 위해 희생하는 사람으로 감동을 주고, 순진한 국민들에게는 동정심을 유발한다. 그리고 여기에 반대하는 사람들은 아주 편협하고 나쁜 사람이라고 공격한다. 이것이 정체성 정치 전략이다.

포스트모더니즘이 일반 국민들을 조종하고 통제하기 위해 사용하는 것이 언어의 조작, 즉 궤변이다. 궤변은 뭔가 그럴듯한 말로 포장해서 선악의 기준을 완전히 바꿔놓는다.

예를 들면 이런 것이다.

"이성애적(남자와 여자) 결혼식의 신성함을 믿는 것은 퇴보의 반증이고, 동성 결혼(동성애)의 법제화를 선호하는 것은 열린 마음의 반증이다."

정상적으로 남녀가 만나서 결혼하는 이성애적 결혼은 퇴보이며, 구시대의 유물, 꼰대 같은 느낌을 준다. 이런 분위기는 젊은 청년들에게 남자와 여자가 만나 결혼하는 것은 아름답고 행복한 결혼이 아닌 것 같은 생각을 심겨준다. 이런 분위기 속에서 성경의 진리를 외치면 엄청난 비난과 공격을 받게 된다. 이런 현상이 지금 전 세계에서 일어나고 있으며 우리나라에서도 일어나고 있다.

기독교 세계관과 정치학

성경은 정치를 하나님의 대행자로서 정의를 행하는 것이라고 말씀한다.

> 롬 13:4
> 그는 하나님의 사역자가 되어 네게 선을 베푸는 자니라 그러나 네가 악을 행하거든 두려워하라 그가 공연히 칼을 가지지 아니하였으니 곧 하나님의 사역자가 되어 악을 행하는 자에게 진노하심을 따라 보응하는 자니라

다스리는 자, 즉 정치하는 사람은 선량한 자를 보호하고 악한 자를 처벌하여 하나님의 공의를 시행해야 한다. 하나님이 창조하신 모든 인간은 동등한 권리를 가진 존재로 창조되었고 다른 사람에게 빼앗길 수 없는 권리를 부여받았다. 이것이 하나님의 뜻이다. 대한민국의 기초를 놓을 때 기독교인들이 그 구체적인 권리를 우리나라 헌법에도 명시하였다.

정부는 하나님이 부여하신 인간의 권리를 보호하기 위하여 하나님이 세우신 것이다. 이런 일을 하기 위해서 정부는 권력을 가지게 되는데 인간은 죄인이기 때문에 절대 권력을 가지면 절대적으로 타락할 가능성이 많다. 그래서 권력을 분산시키는 정치제도가 필요하고 이를 위해 만들어진 것이 삼권분립이다. 우리는 삼권분립의 모델을 성경에서 찾을 수 있다.

사 33:22

대저 여호와는 우리 재판장이시요 여호와는 우리에게 율법을 세우신 이요
여호와는 우리의 왕이시니 그가 우리를 구원하실 것임이라

재판장은 사법부, 율법을 세우는 것은 입법부, 왕은 집행자로서 행정부에
속한다. 이 원리가 바로 삼권분립의 원칙이다. 이것은 인간의 악을 고려하
여 만들어진 제도다. 그런데 잘못된 세상 나라의 세계관들은 삼권분립을 중
요하게 여기지 않는 것이다.

그러면 우리 기독교인들은 어떻게 해야 할까?

첫째, 마귀와 세상의 전략을 알아야 한다.

"우리가 하나님에 의해 다스려지지 않는다면, 독재자들의 지배를 받게 될
것이다(윌리엄 펜, William Penn)."[1]
마귀가 지배하는 악한 독재자와 포스트모더니즘의 주장을 잘 분석하고 이들
의 핵심전략을 이해해야 한다. 이들의 전략은 먼저 '성적 타락'을 부추기는
것이다. 인간은 죄인이기 때문에 타락하고 싶어 하는 본능이 있다. 그래서
성적 타락을 합법화하고, 모든 원칙과 질서를 파괴하려고 한다. 그래서 진
리인 성경을 해체하고 성경에 기초한 가정을 파괴시키려 한다.
또한 '언어유희' 전략을 사용한다. 부드럽고 좋은 단어와 파괴적인 단어를
묶어서 언어적 유희로 사람을 속인다. 그냥 내버려두면 사람들이 거짓에 속
는다. 우리는 이런 모든 문제를 하나님이 해결하시도록 맡기며 성경에 순종
하여 이런 전략들에 대응해야 한다.

---

1) 펜실베이니아 주를 개인적으로 소유하고 있다가 미국에 기증한 영국의 부동
산 투자자

이를 위해 다음과 같은 자세를 가져야 한다.

① 우선 나 자신이 거듭난 하나님의 사람이라는 분명한 정체성의 확인이 있어야 한다.

② 하나님의 말씀 위에 서서 믿음으로 진리를 전파할 각오를 해야 한다.

③ 가정, 직장, 교회, 그리고 사회에서 이런 언어적 유희를 바로잡을 때 사랑으로 부드럽고 따뜻하게 해야 한다.

둘째, 기도해야 한다.

딤전 2:1-2

1. 그러므로 내가 첫째로 권하노니 모든 사람을 위하여 간구와 기도와 도고와 감사를 하되

2. 임금들과 높은 지위에 있는 모든 사람을 위하여 하라 이는 우리가 모든 경건과 단정함으로 고요하고 평안한 생활을 하려 함이라

이 나라가 하나님의 통치를 받는 나라가 되도록 기도해야 한다. 이 나라의 위정자들이 하나님의 정의에 따라 정치하도록 기도해야 한다. 그들이 이 나라를 정의롭게 이끌어갈 때 우리의 삶이 평안하고 신앙의 자유를 누릴 수 있기 때문이다.

셋째, 적극적인 정치 참여가 필요하다.

잠 11:11

성읍은 정직한 자의 축복으로 인하여 진흥하고 악한 자의 입으로 말미암아 무너지느니라

여기서 성읍은 나라다. 나라는 정직한 자의 축복 때문에 잘 되고 악한 자의 거짓말 때문에 무너질 수 있다. 그러므로 가정에서, 교회에서, 직장에서 선거가 있을 때 투표를 통해 정치에 참여하여 적극적으로 영향력을 행사하도록 해야 한다. 투표할 때에는 정당을 보고 그 정당이 추구하는 정치 강령이 어떠한지 봐야 한다. 그리고 후보를 자세히 살펴서 그가 하는 말만 믿지 말고, 실제 그가 한 일과 그 결과를 확인해야 한다. 완벽한 당과 완벽한 사람은 없지만 누가 하나님의 뜻에 더 가까운 사람인지, 누가 더 복음적 자유를 허락하는지 살펴서 당과 후보를 선택해야 한다.

넷째, 하나님은 정의롭지 못한 악한 정부도 사용하셨음을 인정한다.

예수님은 이스라엘을 식민지로 만든 로마의 통치를 인정하셨다. 유대인들은 로마에 저항하여 독립운동을 해야 한다고 생각했지만 예수님은 로마의 통치에 저항하지 않으셨다. 그러나 국가가 하나님과 대립될 경우에는 때로 목숨까지도 걸 각오가 필요하다. 프랜시스 쉐퍼 박사는 하나님에게 대립하는 잘못된 정부에 대해 비폭력의 방법으로 정부에 불복종할 권리와 의무가 있음을 강조하였다. 하지만 정부에 대한 불복종은 많은 불이익을 당할 수 있고 어떤 경우에는 죽음으로 이어질 수 있으므로 영적으로, 정신적으로 준비를 한 후에 움직여야 한다.

다니엘의 세 친구는 우상에게 절하지 말라는 하나님의 명령에 순종하기 위해, 왕의 신상에 절하지 않았다. 그 결과 풀무 불에 들어가는 죽음의 대가가 따라왔지만 그들은 국가 권력에 불복종하는 것을 선택했다. 다니엘 역시 왕 외에는 어떤 신에게도 구하지 말라는 법에 순종하지 않고 하나님께 기도함으로 사자 굴에 던져졌다. 다니엘과 세 친구는 하나님의 통치를 따르기 위해 목숨도 아끼지 않았다. 예수님의 제자들도 복음을 막는 권력에 맞섰다.

행 4:18-20

18. 그들을 불러 경고하여 도무지 예수의 이름으로 말하지도 말고 가르치
    지도 말라 하니
19. 베드로와 요한이 대답하여 이르되 하나님 앞에서 너희의 말을 듣는
    것이 하나님의 말씀을 듣는 것보다 옳은가 판단하라
20. 우리는 보고 들은 것을 말하지 아니할 수 없다 하니

산헤드린 공회가 예수님의 부활을 전하는 제자들을 붙잡아서 교도소에 가두
고 예수의 이름을 말하지도 말고 가르치지도 말라고 위협하였다. 그때 베드
로와 요한이 '하나님 앞에서 너희 말을 듣는 것이 하나님의 말씀을 듣는 것
보다 옳은가 판단하라'고 담대히 외쳤다.

결론적으로 마르크스주의는 노동자를 선동하여 부자들을 다 죽이고 공산당
이 독재하는 것이 목적이다. 포스트모더니즘은 소수자를 선동하여 선과 악
을 바꿔버리는 악을 행하면서 기독교 가치관을 해체하려고 한다. 이런 거
짓된 세계관에 속으면 망하는 길로 가는 것이다. 그러므로 성령님의 지혜
가 필요하며 위정자들이 하나님의 뜻에 따라 나라를 다스리도록 그리스도
인이 투표를 통해 정치에 참여하고, 기도를 통해 국가와 위정자들을 섬겨
야 한다.
"주여, 이 나라를 불쌍히 여겨주옵소서. 하나님의 뜻이 이 땅에 임하게 하
옵소서. 불의가 심판을 받고 정의가 세워지게 하옵소서. 이 땅의 백성들이
하나님의 은혜를 누리며 평안하게 살게 하옵소서."

요약

1. 정치는 사람들 사이의 의견 차이나 이해관계를 둘러싼 다툼을 해결하는 과정과 활동이다. 가정, 교회, 직장, 그리고 국가를 운영할 때 정치가 필요하다. 정치가 잘 이루어지면 백성이 평안하지만, 정치가 잘못되면 나라 전체가 위기에 빠지고 망할 수도 있는 것이다.

2. 기독교 세계관을 정면으로 대적하는 세계관이 마르크스주의와 포스트모더니즘이다. 마르크스주의는 노동자를 선동하여 부자를 다 죽이고 공산당이 독재하는 것이 목적이며, 포스트모더니즘은 소수자를 선동하여 선과 악을 바꿔버리는 악을 행하면서 기독교 가치관을 해체하려고 한다. 특히 포스트모더니즘은 빈부, 인종, 성별, 성적지향 때문에 압제 당하는 소수자들을 지지하는 전략을 취하면서 전통 가치를 파괴하는 정체성 정치를 하는데 이것은 배타적인 정치운동이자 사상이다.

3. 성경은 하나님의 대행자로서 정의를 행하는 것이 정치라고 말한다. 정치하는 사람은 선량한 자를 보호하고 악한 자를 처벌하여 하나님의 공의를 시행해야 한다. 인간은 죄인이기 때문에 절대 권력을 가지면 타락할 가능성이 많기에 삼권분립이 필요하다. 기독교인은 **마귀와 세상의 전략을 알아야 하며**, 이 나라가 하나님의 통치를 받는 나라가 되도록, 위정자들이 하나님의 뜻에 따라 다스리도록 **기도하며**, 그리스도인이 투표를 행사하는 **적극적인 정치 참여가 필요하다.** 그리고 **하나님은 정의롭지 못한 악한 정부도 사용하셨음을 인정하고** 정부가 잘못하여 불복종해야 할 경우, 준비를 한 후에 움직여야 한다.

마치며

하나님 나라는 하나님이 주인인 나라고, 세상 나라는 사람이 주인인 나라다. 예수님을 자신의 구주와 주님으로 고백하는 사람들은 하나님이 나의 주인 되심을 믿고 삶의 모든 영역에서 하나님의 통치가 임하는 방향으로 살아가는 사람이다. 교회는 하나님 나라의 지배를 받는 곳이다. 그리스도인이 말씀에 따라 자기 분야에서 열심히 일하고 또 은사를 발휘하여 근면하고 성실하게 살면 잘 사는 가정, 잘 사는 나라가 될 수 있다.

그러나 세상 나라는 하나님이 우주 만물의 주인이심을 믿지 않고, 오히려 하나님을 배척한다. 그래서 내 인생의 주인은 나 자신이고, 내 삶의 모든 영역을 자신의 힘으로 다스리고 자신의 힘으로 세상의 모든 문제를 해결하라고 말한다. 이것은 망하는 길이다.

교회가 죽으면 나라가 죽는다. 교회가 제 목소리를 내지 못하면 세상 나라의 헛된 사상과 타락한 가치관과 문화에 지배당하여 나라가 망하게 된다. 사탄은 세상 나라 가치관을 표방하는 사회가 교회를 지배하도록 수를 쓰고 있다. 이때 성도는 죽음으로 비진리에 저항해야 한다. 사탄이 가장 무서워하는 것이 순교하는 신앙이다.

역사적으로 기독교가 진리를 주장하며 저항한 사례는 1919년 삼일운동 직후 한국에 온 선교사들이 조선총독부에 요구한 사항에서 나타나고 있다. 그들은 다음과 같이 주장했다.

"기독교 학교가 성경을 가르치고 예배드리는 것은 너무나 당연한 일이니 허락하라!"

현대는 그 이전보다 더 세상의 가치관으로 기독교를 공격하고 있다. 사탄은 세상 나라 가치관이 마치 하나님 나라 가치관인 것처럼 오해하도록 만드는 전략을 사용하고 있다. 그래서 신앙인들이 잘못된 가치관을 아무런 의심이나 저항 없이 자연스럽게 기독교 문화로 착각하여 사용하도록 술수를 쓰고 있다.

'자기 하고 싶은 대로 하는 것이 자유'라고 말하는 포스트모더니즘의 영향을 받은 현대인들은 자신의 갈망과 욕구를 채울 수 있는 자유를 추구한다. 이런 생각에 사로잡힌 사람들은 교회가 자유를 빼앗는다고 생각하고 교회를 배척한다.

이때 우리는 어떻게 해야 하는가? 그래도 우리는 최선을 다해 복음을 전해야 한다. 복음만이, 예수만이, 이 세상을 구원할 수 있기 때문이다. 그리고 성경의 정신과 가치를 우리의 삶의 문화 속에 구현해야 한다. 우리의 가정, 교회, 직장, 세상에서 진정한 복음과 사랑으로 감동을 주어야 할 것이다. 우리가 예수의 제자가 되어 아름다운 공동체를 이루어서 그 모습을 이 세상에 보여주어야 한다. 인격을 존중하고 사랑하며 생명을 존중하는 삶을 보여주어야 한다. 이를 위해 교회의 지도자들 뿐 아니라 모든 성도들이 '예수를 닮아가는 삶'을 목표로 삼고 날마다 믿음과 소망과 사랑가운데 살아가도록 방향성을 세우고 살아가자. 그때 성령님께서 우리 모두에게 은혜주실 것이다.

참고도서

김용삼. 『김일성 신화의 진실』 북앤피플, 2016.

박현모. 『휴머니즘과 폭력』 문학과 지성사, 2004.

신국원. 『니고데모의 안경』 IVP, 2020.

안점식. 『세계관을 분별하라(개정판)』 죠이선교회, 2015.

양승훈. 『기독교적 세계관』 도서출판 CUP, 1999.

이승구. 『기독교 세계관이란 무엇인가』 SFC, 2018.

이정훈. 『기독교와 선거-교회는 어떻게 정치에 참여해야 하는가?』 PLI, 2020.

이정훈. 『교회 해체와 젠더 이데올로기』 킹덤북스, 2018.

정소영. 『크리스천 청소년들이 꼭 알아야 할 세계관 특강』 미래사, 2019.

2020 총회 이슬람자료집. "한편으로 경계하고 한편으로 사랑하라", 대한예수교장로회총회 이슬람대책위원회, 2020.

데이빗 A. 노에벨. 『충돌하는 세계관』 류현진&류현모 역, 꿈을 이루는 사람들, 2019.

막스 베버. 『프로테스탄트 윤리와 자본주의 정신(완역본)』 박문재 역, 현대지성, 2018.

제임스 사이어. 『기독교 세계관과 현대사상』 김헌수 역, IVP, 2007.

알버트 월터스&마이클 고힌. 『창조 타락 구속』 양성만&홍병룡 역, IVP, 2017.

스티브 윌킨스&마크 L. 샌포드. 『은밀한 세계관』 안종희 역, IVP, 2013.

심수명 교수 저서 소개

- **새신자용 교재**

  새로운 시작

- **제자훈련 시리즈**(상담목회를 적용한 제자훈련 시리즈)

  1권 제자로의 발돋음

  2권 믿음의 기초

  3권 그리스도와의 동행

  4권 인격적인 제자로의 성장

  전인성숙을 위한 제자훈련 시리즈 인도자 지침서

- **인격신앙훈련 시리즈**(성숙한 그리스도인을 만드는 성경공부 시리즈)

  1권 예수님을 본받는 그리스도인

  2권 하나님은 누구신가

  3권 그리스도와 동행하는 생활

  4권 실천적인 신앙생활

- **목회·설교**

  상담목회

  비전과 리더십

  상담적 설교의 이론과 실제

  감사하면 행복해집니다

  사랑하면 행복해집니다

- **소그룹 훈련 시리즈**(상담목회를 적용한 소그룹 훈련시리즈)
  - 의사소통훈련
  - 인간관계훈련
  - 거절감치료
  - 분노치료
  - 비전의 사람들
  - 리더십과 팔로워십
  - 행복바이러스
  - 성령의 능력으로 사는 그리스도인

- **결혼 및 가정 사역**
  - 한국적 이마고 부부치료(개정판)
  - 행복 결혼학교
  - 아버지 학교
  - 어머니 학교
  - 위대한 부모 위대한 자녀
  - 가족치료관점에서 본 성경의 가족이야기

- **교육 및 상담훈련**
  - 인생을 축제처럼
  - 그래도 삶은 소중합니다
  - 감수성훈련 워크북(개정판)
  - 정신역동상담(개정판)
  - 집단상담 이론과 실제
  - 상담 및 심리치료의 과정과 실제

하나님 나라 세상 나라
기독교 세계관과 세속적 세계관

발　　행 | 2021년 3월 24일
저　　자 | 심수명
발 행 인 | 계승광
발 행 처 | 다세움
주　　소 | 서울시 강서구 수명로 68-11 401호
전　　화 | 02-2601-7423
팩　　스 | 0505-182-5665
홈페이지 | www.daseum.org

총　　판 | 비전북
주　　소 | 경기도 고양시 일산 서구 송산로 499-10
팩　　스 | 031-907-3928
정　　가 | 7,000원

ISBN | 978-89-92750-52-3